당신의 건강한 섹스를 권장합니다

사랑 한번 제대로 하고 싶은 이들을 위한

당신의 건강한 섹스를 권장합니다

초판 1쇄 인쇄 2022년 10월 13일
초판 1쇄 발행 2022년 10월 19일

지은이 한완수

발행인 백유미 조영석

발행처 (주)라온아시아
주소 서울특별시 서초구 효령로 34길 4, 프린스효령빌딩 5F

등록 2016년 7월 5일 제 2016-000141호
전화 070-7600-8230   **팩스** 070-4754-2473

값 17,500원
ISBN 979-11-92072-92-0 (03190)

사랑 한번 제대로 하고 싶은 이들을 위한

당신의 건강한 섹스를 권장합니다

한완수 지음

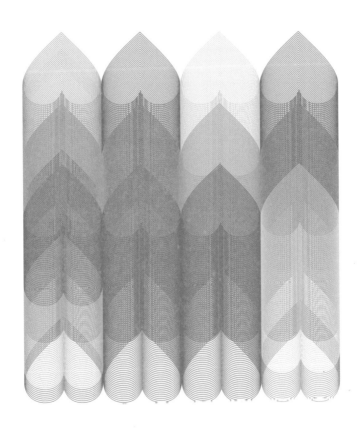

RAON
BOOK

안영인(칼빈대학교 대학원 상담심리학과 교수)

저자는 이 책을 통하여 22여 년 동안 지속적으로 연구한 성에 대한 지식과 성교육, 성 상담, 성 치료, 젠더 폭력 예방 강의를 통해 축적된 현장 경험 및 전문성을 통합하여 뷰카(VUCA, 변동적이고 복잡하며 불확실하고 모호한 사회 환경) 시대에 맞게 성과 사랑을 다시 리부트해야 하는 이유를 과감하게 제시하고 있다.

성차별과 젠더 갈등이 연일 매스컴에 언급되고 페미니즘 리부트가 이야기되는 상황 속에서 성의 향락주의가 넘치고 관련 매체들이 범람하고 있으며 끊임없이 발생하는 성폭력, 성매매, 성희롱 등 성과 연관된 사건·사고가 언론을 장식하고 있다. 풍요 속의 빈곤처럼 근원적인 문제 해결에 대한 과제가 계속 남아 있는 것이다.

성은 단순히 성 행동 또는 욕망이라는 차원이 아니라 성에 관한 사고, 감정, 태도, 가치관, 이해심, 환상 등 포괄적인 시선과 성의 존재 의미에 대해 생각하면서 접근해야 한다. 단순한 본능적인 행위를 넘어 끊임없이 함께 배우고 익혀나가야 하는 아름다운 사랑 행위가 되어야 한다.

저자는 '가깝고도 먼 남녀의 의사소통 기술', '생애주기별로 보는 사랑의 기술', '섹스 라이프가 굿 럭이 되어야 한다' 등의 주제로 성 문제를 직접적으로 다루고 있으며, 더불어 살아가면서 젠더 권력을 버리고 상호 대등한 양성평등적 관계를 통해 평등한 만남부터 멋지게 사랑하고 쿨하게 이별하는 방법을 제시하고 있다. 현시대는 사회적으로 불평등, 빈곤, 차별 문제, 남녀 젠더 갈등을 없앨 수 있는 가장 적합한 시기라고 말할 수 있다. 이것이 잘못 알려진 이상한 사랑법과 성행위 즉, 부정적 섹슈얼리티를 건강한 성 태도와 올바른 가치관으로 리부트해야 하는 이유이기도 하다.

이 책은 100세 시대를 예고하는 고령화 사회에 이슈 중 하나인 노인의 성, 외도와 비상식의 성적 행동으로 무너지는 커플, 습관적으로 소통과 교류 없이 자신의 자리만 지키며 살아가는 중년, 사랑의 유효기간이 단기간이라 헤어짐이 너무나 쉬운 청년 등에게 필요한 성과 사랑에 대해 담고 있으며, 인류가 존재하는 한 없어서는 안 되는 성과 사랑을 통해 삶의 질을 높이는 방법을 제시하고 있다. 건강한 성, 행복한 성, 소중한 성으로 성적 불평등을 넘어 평등한 세상 만들기에 이 책이 초석이 되기를 진심으로 바란다.

2002년, 동두천성폭력상담소에 근무하고 있던 저자와 호주 웨스턴시드니 대학교에서 성학(Sexlogy)을 강의하던 홍성묵 교수님의 강의를 듣고, 처음으로 성 지식을 접했다. 그 뒤로 20년이 흘렀고, 현재는 서로 다른 분야에서 일하고 있지만, 내가 본 저자는 지역사회에서 여성 인권과 빈곤 아이들을 돌보고, 끊임없이 공부하고, 자신을 개발시키기 위해 노력하는 사람이다. 이 책은 그런 저자가 20년 이상 젠더 폭력 예방교육과 성교육을 하고 성 상담을 하면서 쌓인 경험과 생각을 정리하고, 앞으로의 성에 대한 비전을 제시하고, 21세기 대한민국에 살아가는 남녀들에게 어떻게 사랑을 리부트할 것인지 방법을 공유한다.

대한민국은 모든 분야에서 엄청난 속도로 발전하고 있다. 그런데 어렸을 때부터 받은 순결교육과 가부장적인 유교문화 영향 때문인지 여전히 많은 이들이 성적인 부분에서 어떻게 행동해야 할지 매우 곤란해한다. 특히 성희롱, 성폭행 때문에 피해자를 진료하는 산부인과 의사로서 여러 가지 만감이 교차한다. 그래서 더 예민한 남녀 젠더 이야기와 사회에 만재해 있는 여러 가지 성적 문제를 새로운 시각에서 리부트하려는 책이 나오게 되어 너무 반갑다.

나는 시대에 맞지 않는 성교육으로 자신도 모르게 가해자가 되거나 피해자가 되는 우리 아이들을 보면서 성교육의 변화가 절실히 필요하다고 느낀다. 남녀 관계가 가해자와 피해자로 나뉘는 것보다는 서로의 장단점을 보완하면서 남녀상열지사를 만들어가는 것이 좋지 않을까? 누구나 알고 있듯이 우리는 앞으로 100세 시대를 살아가야 하고, 다양한 성 문제와 노인의 성, 장애인의 성 그리고 디지털 성범죄도 고민해야 하며, 이와 더불어 여러 가지 사회문제, 문화나 관습의 문제, 성적인 문제를 이 책을 통해 해결해나가길 바란다.

최대헌(한국드라마심리상담협회 회장)

저자는 내가 느끼기에 성에 대해 아주 객관적이며, 실제 가정생활, 사회생활에서도 만족스러운 성역할을 하고 있다고 생각되는 사람이다. 그래서 책 출간 소식을 듣자마자 더욱 진심으로 축하했다. 그리고 저자가 처음 추천사를 부탁했을 때, '나에게 써달라는 이유가 무엇일까?'라고 스스로 질문했다. 왜냐면 나는 아직 우리 사회에서 제기되는 여러 성 이야기들에 관해 생각이 정리되지 않았기 때문이다.

몇 년 전 어느 지역의 학교 내 성평등 강사를 양성하는 강의에서의 일이 기억난다. 나는 그날 "학교 내에서는 성폭력 피해와 관련하여 어떤 사례들이 있을까요?"라는 질문을 던졌다. 질문의 이유는 참여자들이 사례를 탐색하는 과정을 통해서 성폭력의 개념과 학교 내에서 일어나는 사례들에 대한 감수성을 확인하기 위한 교육과정이었다.

그런데 갑자기 어떤 참여자가 질문 자체가 성폭력 피해자에게 트라우마를 상기시킬 수 있으니 잘못되었다고 답했다. 나는 당황했지만 "그렇다면 교육의 목적이 성폭력의 개념과 실태를 교육자 스스로 살펴보는 것인데 다른 방법으로 무엇이 있을까요?"라며 다시 질문했고, 그 참여자는 어떠한 답변보다는 질문 자체가 잘못되었다는 주장만 하다가 결국 스스로 퇴장해버렸다. 다른 참석자들은 내 의견에 동의해 예정대로 강의가 진행되었지만, 그 이후로 나도 울렁증이 생겨서 성과 관련한 강의는 멈추거나 많은 부담을 느끼게 되었다.

성, 섹스, 섹슈얼리티, 젠더란 단어는 우리 사회에서 갈등, 폭력, 혐오,

반목 등 부정적 의미가 크다. 이런 사회현상은 아동, 청소년, 청년 등의 세대에서는 거의 적대적 대립 관계에 놓여 있다. 어떤 통계에서는 이런 갈등이 사회통합을 가로막는 큰 걸림돌이라 한다. 또 이성 관계, 부부 관계, 직장 내 의사소통 관계, 사회적 지위의 편중된 성별 역할 등이 사회문제화되었다. 성은 심리적, 사회적, 생물학적 의미가 담겨 있다. 성을 이야기하기 위해서는 이 세 가지 측면을 함께 고려하지 않으면 파편적으로 이야기하게 되고 부정적으로만 설명하게 된다. 이런 현상이 성과 관련하여 부정적 현상을 부채질하고 있다.

이 책은 저자의 학문적 배경과 현장의 경험이 녹여져 있어 전문성이 잘 드러난다. 최근에 성과 관련하여 기울어진 판을 많이 본다. 그럼에도 객관적으로 성을 이야기하는 저자의 내공과 용기에 감사 인사를 드리고 싶다. 그리고 성과 관련하여 지나치게 부정적인 혐오와 두려움이 있는 사람들에게 균형을 잡아 주는 방법과 생애주기에 따라서 기본적으로 알아야 할 내용이 담겨 있어 추천하고 싶다. 성과 관련된 이야기는 완성된 이야기와 정답이 없다. 이 책을 통해 많은 이들이 정답을 찾기보다는 성 심리, 성문화, 성 생물학적 관점을 쌓아가는 데 많은 도움을 받길 바란다.

현영렬(서정대학교 평생교육원 처장)

'젠더, 양성평등, 사회복지'라는 주제로 다양한 강의를 하는 저자의 책 발간을 진심으로 축하한다. 저자는 이 책을 통해 22년 이상 현장에서 젠더 폭력 예방교육과 성교육, 성 상담, 성 치료 등에서 활동하면서 쌓인 경험과 생각을 정리하고, 앞으로의 미래 성에 대한 비전을 제시하고 있다. 왜 현시점에서 젠더를 다시 생각해야 하는지 어떤 방식으로 남녀 갈등부터 젠더 갈등을 시작하고 해결해야 하는지 그리고 인생의 멋진 사랑을 위한 새로운 접근 방법과 리부트 방법을 제시하고 있어 21세기의 대한민국을 살아가는 모든 남녀 커플에게 많은 도움이 될 것으로 생각한다.

저자는 늘 사회 활동과 지역사회에서 활발한 역할을 하는 열정적인 교수다. 그리고 젠더 문제가 심각한 요즘 시기에 이번 책 발간은 아주 중요하고 탁월한 선택이었다고 생각한다. 지역사회에서 여성 인권 및 빈곤아동 운동과 시민사회단체 활동가로 그리고 사회복지계의 혁신적 활동을 통해 중요한 역할을 하는 저자이며, 끊임없는 자기개발과 성 평등한 사회를 구현을 위해 노력하는 것에 대해 그 누구보다 남다른 열정을 가지고 있다.

세상은 빠르게 변하고 있다. 그 속에서 많은 커플이 이 책을 통해 꼭 필요한 젠더 관련 정보와 사랑의 기술 정보를 얻어가길 바란다. 그리고 사랑과 성으로 인해 인생이 꼬이거나 휘둘리지 않길 바란다. 이 책은 성에 관한 주체성과 당당함을 지닌 채 인생의 주인공으로 살아갈 수 있도록 안내하고 있으며, 구시대의 사랑 방법으로는 미래사회를 살아갈 수 없음을 알게 하는 책이다.

그리고 어렸을 때부터 받은 성에 대한 태도나 성 가치관의 부재와 가부장적인 유교문화 영향 때문인지 성으로 인해 어려움을 겪는 사람들에게도 도움이 될 것이다. 성적인 부분에서 어떻게 행동을 해야 할지 매우 혼란스럽고 힘든 사람들에게도 꼭 필요한 책이다. 특히 성적인 문제로 성희롱, 성폭력으로 본의 아니게 피해자, 가해자들이 만들어지고 있는 현실 속에서 이 책은 많은 영향을 줄 것으로 보인다.

이제는 사랑과 성에 대해 재점검이 필요하고 새로운 사랑법으로 세상을 살아가야 한다. 아울러 민감하고 예민한 커플들에게, 젠더 폭력이 비일비재 일어나는 요즘 시대에 어떻게 나 자신을 보호하고 대처할 수 있는지 알려준다. 성적인 문제를 새로운 시각에서 리부트하려는 책이 나오게 되어서 정말 뜻깊게 생각하며, 우리의 귀한 아들과 딸들에게 그리고 사랑을 하는 모든 커플에게 전달해야 할 필요성을 절실하게 느낀다. 서로의 다양성을 인정하고 장단점을 보완하면서 차이가 차별이 되지 않는 성 평등한 세상을 만드는 것에 동참하며, 그 답은 이 책 속에 있다. 저자의 책 출간을 다시 한번 축하하며 강력 추천한다.

사랑은 뜨겁게,
이별은 쿨하게

나는 유쾌한 젠더이노베이션(젠더 불평등과 차별로 인한 사회 문제를 쇄신하는 일) 전도사를 꿈꾸며 살아가고 있다. 강의를 마치고 나오는 나에게는 늘 질문이 쏟아진다.

"멀티 오르가슴을 느끼려면 어떻게 하면 되나요?"

"비아그라, 시알리스, 레비트라 등은 어떻게 구입하나요?"

"성관계를 열심히 하고 싶지만 파트너가 없습니다. 그럴 때는 어찌합니까?"

이런저런 수많은 질문 공세와 한숨 쉬는 노년기 남성들까지, 강의 현장에서는 '성'이라는 단어부터가 관심사이고 언제나 반응이 뜨겁다. 성인들에게 '우리 삶 속에서 성이라는 부분이 얼마나 중요한가요?'라는 질문을 하면 87% 이상이 매우 중요하다고 대답한다. 그와 함께 성에 대한 올바른 이해와 가치관 확립도 더욱 중요한 이슈가 되고 있다.

나는 2000년부터 성폭력상담소를 개소해 젠더 폭력 예방교육, 성 상담, 성교육, 성 치료자, 커플 매니저로 활동하면서 대학에서 다년간 사회복지와 섹슈얼리티 전문 강사로 활동하고 있다. 2003년 국내 최초로 부부를 대상으로 '성 워크숍'을 개최했을 당시에는 여러 오해와 따가운 시선을 받기도 했다. 그때까지만 해도 성에 대한 사회적인 인식이 보수적이고 부정적이었기 때문이다. 하지만 지금은 시대가 많이 변해, 이제는 성 담론이 공론화되고 의무교육이 되었다.

나는 여성가족부 산하 한국양성평등교육진흥원 젠더 폭력 통합강사로서 공공기관 및 기업체, 학교 등에서 수많은 사람들을 만나 젠더를 향한 시선이 왜 변해야 하는지 이야기해왔다. 지역사회에서 시민사회단체 현장 활동가이자 인권운동가로서 살아오면서 겪은 여러 일들이 스쳐 지나간다. 성차별 없는 평등한 세상에서 살아가고 싶고, 한편으로는 사회복지 전문가로서 소외된 약자들과 소통하며 불평등 문제를 해결하고 싶은 것이 내 소망이다.

코로나19를 겪으며 모두가 힘들고 지친 삶을 이끌고 있고, 그 후유증 속에서 더욱 어렵고 팍팍한 세상이 되었다. 그러나 시대가 변한 만큼 모든 것이 변해야 살아남는다. 이제는 한국 사회도 성에 대한 대변혁이 절실하다. 젠더 갈등이라는 말에 가려진 남녀 갈라치기부터, 수많은 젠더 기반 폭력으로부터 이제는 우리 스스로를 보호해야 하며, 또한 정치적으로도 속지 말아야 한다. 남녀가 함께 상생, 공존하면서 무엇이 인간답게 사는 것인지 알아야 하고 또한 서로가 존중받고 존경하면서 아름다운 사랑을 하며 행복하게 잘 살아내야 하는 것이 우리의 당연한 권리이다. 밋밋한 사랑을 하는 사람들과 아름다운 사랑을 하며 멋진 삶을 살고 싶은데 방법을 모르는 커플들에게 도움을 주고자 이 책을 집필하게 되었다.

1부에서는 사랑과 성에 관한 성 심리학적 관점에서 남녀의 사랑은 당연히 행복해야 하는데도 왜 밋밋하고 행복하지 않은지, 그 원인을 찾아볼 수 있도록 구성했다. 다원화 시대 속에서 다양성을 이해하며 살아가는 우리인데, 이런저런 사랑 이야기가 왜 그리도 행복해 보이지 않는지 원인을 찾아볼 수 있다. 2부에서는 왜 우리에게 사랑과 성에 대한 리부트가 왜 필요한지 여러 상담 사례를 통해 원인과 대처 방법을 찾아볼 수 있다. 그리고 생물학적 관점에서 생애주기에 따른 사랑의 기술과 꼭 필요한 정보들을 담았다. 3부에서는 사회문화적 관점에서 젠더가 왜 중요한지 그리고 젠더 감수성을 왜 업그레이드해야 하는지 설명한다. 성 평등한 세상을 살아가기 위해서는 우리뿐만 아니라 시대를 구성하는 모든 것이 변해야 한다. 성에 관한 새로운 관점을 통해 공기처럼 숨어 있는 권력의 의미를 알아차리고, 본의 아니게 가해자 또는 피해자가 되는 것을 피해야 한다. 아울러 건강한 성, 아름다운 성, 소중한 성을 만들기 위해 그리고 평등한 관계가 되기를 바라는 마음으로 뜨겁게 사랑하고 쿨하게 헤어지는 방법을 이야기한다.

2018년 미투 운동 이후 세상은 더 많이 변했다. 그렇기에 젠더 감수성 역량을 더 높여야 하는 시점이기도 하다. 그동안 바른 젠더 감수성을 갖추지 못하고 사회, 문화, 환경에 걸친 성별 고정관념에 사로잡혀, 평생 쌓아놓은 모든 업적이 하루아침에 무너지는 일들도 많이 보아왔다. 또 최근 들어서는 성과 관련해 기울어진 인식을 오히려 더 자주 접하고 있다. 서로 다름은 인정하되 여자라는 이유로, 남자라는 이유로 차별받지 않는 세상이 되어야 한다. 그리고 평등한 세상에서 살아가기 위해 이제는 세상을 바꾸어야 한다.

신이 주신 인류 최고의 행복과 쾌락은 아름다운 사랑을 하면서 사는 것이다. 인간의 성은 평등함 속에서 상호 관계를 맺어야 하며, 서로 알콩달콩 사랑하며 살아가는 것은 지구상에 살아가는 모든 이들의 희망일 것이다. 그러나 불안해서 사랑을 시작하지도 못하는 사람들과 기존에 사랑했던 열정이 시간이 흘러 식어가는 것을 당연하게 받아들이는 사람들이 늘어간다. 오랫동안 함께 살면서 더 이상 서로가 신비롭지 않고 당연한 존재가 되어 밋밋한 사랑을 하는 커플들에게 다시 뜨거운 열정으로 일어나는 사랑의 불을 붙여주고 싶다. 이 책은 그러한 사람들에게 도움과 응원이 되는 메시지를 전하고, 생애주기에 따라 기본적으로 알아야 할 내용을 담았다. 또한 지나치게 성에 대한 혐오와 두려움을 가진 독자들에게는 균형을 잡아주는 계기가 되도록 했다.

성과 관련된 이야기에는 정답이 없다. 그러나 미래사회는 젠더 감수성을 높이지 않으면 살아남기 힘든 세상이 될 것이다. 독자들이 정답을 찾기보다는 성 심리, 성문화, 생물학적 관점을 건강하게 쌓아갈 수 있기를 바란다. 모는 이에게 전한다. 멋진 삶을 위해 아름다운 사랑과 성을 다시 리부트하라고 말이다. 이제부터라도 늦지 않았다. 밋밋한 사랑에 불을 붙이고, 아름답고 멋진 삶을 위해 새롭게 시작하자!

한 완 수

| 1부 |

사랑도 행복도
우리 손안에 있다

1장

우리에겐 사랑 추구권이 있다

2장

가깝고도 먼 남녀, 그 아름답고 슬픈 이야기

사랑도 행복도
우리 손안에 있다

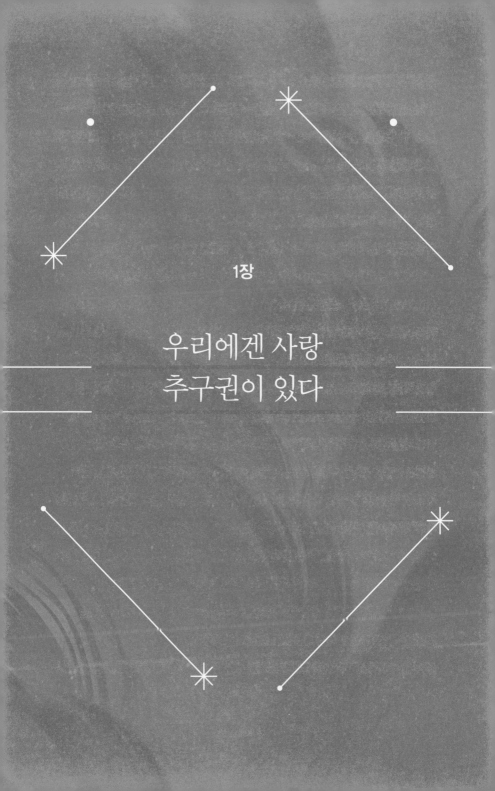

1장

우리에겐 사랑
추구권이 있다

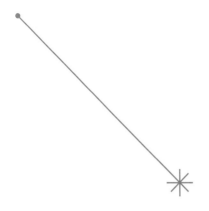

왜 같이 있어도
외로울까?

• 사랑도 점검이 필요하다

"사랑하는 가족과 남편이 함께 있어도 외롭고 우울합니다."

최근 상담한 한 중년 여성이 죽어가는 작은 목소리로 한 말이다. 결혼도 했고 남편도 있는 40대 주부의 간절한 상담 내용은 외롭고 우울하고 죽고 싶은 마음뿐이라는 것이었다.

"죽고 싶고 외롭다는 감정이 어떤 느낌인가요? 언제부터 그랬나요? 우울한 이유가 무엇인가요?"

내 질문에 내담자는 남편은 남편대로 바쁘고, 아이들은 아이들대로 바쁜데, 혼자라는 생각이 든다며 그저 외롭고 우울하고 사는 재미가 없다고 했다. 좀 더 구체적인 이유가 궁금했다. 무엇이 중년이 삶 속에서 이런 외로움, 우울함, 짜증과 분노감, 허전함, 죽고 싶은 감정을 가지게 하는 것일까? 내담자와 많은 이야기를 나누었다. 결론은 사랑받고 있다는 느낌이 없는 것이 이유였다. 가족에게, 또 남편에게 사랑받는다고 생각되지 않았던 것이다. 이때의 사랑은 어떤 것인지, 정의가 필요했다. 사람마다 원인은 다양하겠지만 특히 최근의 코로나19 이후 익숙했던 생활 방식이 바뀌면서 이전처럼 사람도 만나지 못하고 고립되어 지내는 탓에, 많은 사람이 삶에서 외로움과 우울증을 겪는 것으로 보였다. 대안은 무엇일까? 치료 방법을 찾아가는 것이 중요했다. 내담자의 현재 마음 상태와 어떠한 사랑을 하고 있는지도 점검할 필요가 있을 것 같다.

• 모든 사람이 동의하는 사랑의 정의는 없다

인간의 역사가 시작된 이래 삶에서 사랑을 정의하려는 노력이 끊임없이 계속 이어지고 있지만 모든 사람이 동의할 수 있는 정의는 아직까지 존재하지 않는 듯하다. 왜냐하면 각자의 생각과 사랑의 경험은 개인마다 모두 다르기 때문이다. 옛 그리스의 철학자들은 사랑을 에로스(Eros), 아가페(Agape), 필로스(Philos)의 세 가지로 나누어 정의하였다. 신학자 폴 틸리히(Paul Tillich)는 이성 간의 가장 바람직한 사랑은 에로스와 아가페를 결합시킨 형태라고 주장했다. 그리고 필로스는 성서에 나오는 "네 이웃을 네 몸과 같이 사랑하라"라는 말과 깊이 있고 오래된 친구 사이에서 볼 수 있는 우정과 비슷한 느낌의 사랑이다. 다시 말해 필로스는 복잡한 사회에서 결여된 인간애를 회복하는 데 중요한 역할을 할 수 있는 사랑의 형태일 것이다.

잘 알려진 인본주의 심리학자 에리히 프롬(Erich Fromm)에 의하면 사랑은 두 사람으로 갈라놓은 벽을 깨뜨려 하나의 공간을 만들어주기도 하지만, 그 안에서 두 사람의 존재를 인정하게 해주는 강력한 힘이다. 또한 사랑에는 성숙한 네 가지 기본요소, 즉 책임감, 존경하는 마음, 서로 잘 알고 이해하는 마음, 서로 아끼고 보호해주려는 마음이 필수적으로 수반되어야 한다고 강조했다.

사람들은 제각기 독특한 사랑을 하기 때문에 이 세상에 존재하는 사람만큼 사랑의 정의가 내려질 수 있다. 그러므로 '사랑의 정의는 무엇인가?'라는 질문보다 중요한 것은 자신이 어떤 사랑을 원하고, 어떤 사랑을 할 수 있으며, 현재 어떤 사랑을 하고 있는가를 깊이 생각해보는 것이다. 아울러 보다 깊고 완전한 사랑을 위하여 사랑에 대한 파트너의 바람과 의견을 존중하고 나름대로의 사랑을 함께 엮어가는 일이 되어야 한다.

• 의존적인 사랑은 진정한 사랑일까?

오랜 시간 상담을 해오다 보니 커플 간 또는 부부 관계에서 상대방과 사랑을 하는 것인지, 아니면 지나치게 의존적인 것인지, 왜 사랑하는 사람과 있어도 늘 외로운지 모르겠다는 사람들을 흔히 만나게 된다. 당신의 사랑은 어떤 사랑인가? 주위를 둘러보면 상대에게 의존하는 것을 사랑이라고 착각하고, 사랑에 대해 그릇된 개념을 가지고 살아가는 사람들도 많다. 배우자 또는 애인에게 거절당하거나 헤어짐으로 인해 무력감과 우울감에 빠지게 되는 사람들에게서 흔히 볼 수 있는 현상이기도 하다. 그런 사람들은 보통

"살고 싶지 않아. 나는 남편(아내) 없이는, 남자친구(여자친구) 없이는 살 수 없어"라고 말하면서 "왜냐하면 상대를 무척 사랑하니까"라고 말한다. 그런데 이런 것이, 정말 사랑일까?

이런 내담자에게, "당신은 잘못 생각하고 있습니다. 당신은 그 사람을 진정으로 사랑하는 게 아니네요"라고 말하면 대개 화를 버럭 낸다. "뭐라고요? 내가 그 사람 없이는 못 살겠다고 방금 말하지 않았어요?"라면서 내담자는 상대방을 사랑한다고 반복적으로 말한다. 하지만 그때 나는 단호하게 말한다.

"당신이 말하는 것은 의존적인 생활이지 사랑이 아니에요. 당신의 생존을 위해 다른 사람을 필요로 한다면 당신은 그 사람에게 의존하여 기생하는 식객일 뿐입니다. 지금의 사고 속에서는 선택도 자유도 없습니다. 그것은 사랑이라기보다는 필요이기 때문입니다."

사랑이란 선택이 자유로운 실행이다. 두 사람이 서로 사랑한다는 것은, 서로가 없어도 잘 살아갈 수 있지만 더 잘 살기 위해 상대방과 함께하는 것을 선택하는 것이어야 한다. 그래야만 자유로운 사랑이라 할 수 있다.

• 사랑이란? 선택이 자유로운 실행

사람들은 이처럼 사랑과 의존성에 대해 오해하는 경우가 많다. 상대방이 자기를 열심히 돌봐준다는 확신 없이는 적절한 생활을 영위하지 못하거나, 혼자서는 불완전하다고 느끼고 상대방이 있어야만 안정감을 느낄 때 그것을 진정한 사랑이라고 생각하는 사람도 많다. 하지만 의존성은 끈질기게 상대방에게 애착하도록 하는 힘이 있다. 그러므로 사랑이라고 착각하기 쉽다. 그러나 그것은 사랑이 아니며, 오히려 사랑과는 정반대의 것이다.

나는 이렇게 된 원인이 성장 과정에서 양육자로부터 겪은 애정 결핍에 상당 부분 기인한다고 생각한다. 부모의 사랑이 결핍된 것에서부터 의존성과 집착이 시작된다. 결핍은 주는 것보다 받는 것을 추구하게 하며, 자아를 건강하게 성장시키기보다는 어린아이로의 퇴행을 부추긴다. 그 결과 자신과 다른 사람을 자유로운 해방으로 인도하는 것이 아니라 함정에 빠지게 한다.

• 성숙한 사랑으로 출발하기 위해

궁극적으로 의존성은 관계를 돈독하게 만들기보다는 파괴한다. 사람들을 일으켜 세워주기보다는 파멸에 이르는 문으로 밀어 넣는 행위에 가깝다. 나의 사랑이 의존적인지, 아니면 진정한 사랑인지 다시 한번 스스로를 들여다보면 어떨까? 조용히 주말에 산책을 하면서 나의 사랑이 '같이 있어도 외로운 것'이라면 그것은 혹여 애착과 의존은 아닌지, 그래서 나는 상대에게 의존적인 존재로 살아가는 것은 아닐지 찬찬히 돌아보는 시간을 가지면 좋겠다.

사랑이라는 미명 아래 자유로운 선택을 하지 못한다면 '의존형'이라고 보면 된다. 성숙한 사랑으로 외로움을 극복하기 위해서는 사랑에 대한 정의를 올바로 아는 것에서부터 출발하자.

미투를 향한
시선과 반응

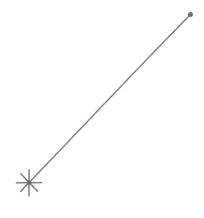

• 이제야 겨우 말하기 시작했다

인간이 기본적으로 누려야 할 권리이자 인간답게 살아야 할 행복 추구권을 감히 누가 침범할 수 있는가? 인간의 존엄성과 존중받아야 할 기본권을 허락과 동의 없이 감히 누가 상대에게 함부로 해도 된단 말인가?

지금껏 약자들은 힘 있는 자에게 폭력을 당하고 실컷 휘둘리면서도 말을 못 하고 살아왔다. 왜일까? 힘 있고 권력을 가진 자에게 말하지 못한 이유는 무엇이었나? 약자와 피해자들이 오히려 눈치를 보면서 자신의 권리를 찾지 못한 것은 세상이 그들을, 우리를 편안하게 해주지 않았기 때문이다. 가장 중요한 행복 추구권을 짓밟고, 사랑을 가로막는 성과 인권에 관련된 젠더 폭력에 대해 말하고 고발하기 시작한 것이 바로 '미투'다. 이제야 겨우 너도나도 말문을 열기 시작한 것이다.

우리 사회는 오래전부터 정조에 대한 고정관념과 순결지상주의를 가지고 있었다. 순결을 잃으면 모든 것을 잃었다고 생각했고, 피해자에게 네가 몸을 잘못 놀린 탓이라고 오히려 손가락질했다. 그렇기에 많은 이들이 피해를 드러내지 못하고 쉬쉬하며 숨길 수밖에 없었다. 그렇게 정조를 잃으면 평생 죄인처럼 살도록 한 사회구조 안에서, 피해자들이 가해자들의 폭력성을 폭로하기 시작한 것이 2018년의 미투 운동이다.

2018년 1월 29일, 한 여성 검사의 검찰 조직 내 성폭력 피해 고발 이후 정계, 문화예술계, 스포츠계에 이르기까지 전방위로 한국에서 미투 운동이 본격적으로 일어났다. 이는 한국 사회를 지배한 남성 중심적 성문화를 뿌리째 뒤흔들었고, 일상의 미투 혁명을 촉구하는 매우 급진적인 것이었다. 이는 역사 속에서 여성, 아니 약자를 성적 대상화하며 피해자를 지금껏 숨죽이게 했던 폭력적 사회구조와 시스템을 지적한 것이다. 또한 피해자들의 행복 추구권도 이제야 겨우 찾기 시작한 것이다.

한편 해외의 미투 운동에서 니다났던 것과 유사한 부작용도 함께 터지기 시작했다. 가장 큰 문제는 미투 운동 참여자들과 지지자들에 대한 2차 가해 및 명예훼손 등이었으며, 무고 또는 주작(없는 사실을 꾸며 만듦) 사건도 등장했다. 그 외에도 전달 수단의 신뢰성 문제, 정치적 시각으로 인한 진영 논리로의 빈질, 농성 간의 성폭력 및 여자가 남자에게 가하는 성폭력에 대한 상대적 무관심 등도 문제로 지적되었다.

• 괴물이 없는 세상을 만들자

그보다 먼저 최영미 시인이 쓴 시 〈괴물〉에서도 그러한 폭로와 언급이 있었지만 당시에는 반응이 거의 없었다. 그러니까 한국의 미투 운동에서 첫 폭로는 최영미 시인의 시 〈괴물〉이었지만, 그것을 한국 전체로 퍼지게 한 것은 검찰청 내부의 성 추문이었던 것이다.

이 시의 내용을 보면 끔찍한 상황이 떠오를 것이다.

En선생 옆에 앉지 말라고
문단 초년생인 내게 k시인이 충고했다
젊은 여자만 보면 만지거든

K의 충고를 깜박 잊고 En선생 옆에 앉았다가
Me too
동생에게 빌린 실크 정장 상의가 구겨졌다

몇 년 뒤, 어느 출판사 망년회에서
옆에 앉은 유부녀 편집자를 주무르는 En을 보고,
내가 소리쳤다
"이 교활한 늙은이야!"
감히 삼십 년 선배를 들이박고 나는 도망쳤다
En이 내게 맥주잔이라도 던지면
새로 산 검정색 조끼가 더러워질까 봐

코트 자락 휘날리며 마포의 음식점을 나왔는데,

100권의 시집을 펴낸
"En은 수도꼭지야, 틀면 나오거든
그런데 그 물은 똥물이지 뭐니"
(우리끼리 있을 때) 그를 씹은 소설가 박 선생도
En의 몸집이 커져 괴물이 되자 입을 다물었다.

자기들이 먹는 물이 똥물인지도 모르는
불쌍한 대중들

노텔상 후보로 En의 이름이 거론될 때마다
En이 노텔상을 받는 일이 정말 일어난다면
이 나라를 떠나야지
이런 더러운 세상에서 살고 싶지 않아

괴물을 키운 뒤에 어떻게
괴물을 잡아야 하나

— 최영미, 〈괴물〉

어떤 생각이 드는가? 괴물은 우리가 사는 세상 곳곳에 숨어 있
다. 하지만 괴물을 신고하는 것은 쉬운 일이 아니었다. 〈괴물〉을

쓴 시인은 미투 이후 지금 무엇을 하고 있는지 궁금하다.

우리는 이렇게 살 떨리는 징그러운 성폭력을 당해도 아무도 말을 꺼낼 수 없는 세월을 살아왔다. 행복 추구권과 사랑 추구권이 있음에도, 성적 자기결정권을 지키지 못했다. 그러나 이제는 말하자. 나도 너도 함께 말하자. 그래서 당당하게 사랑하고, 행복한 삶을 만들어가자. 사랑도 행복도 제대로 찾아 먹자. 그것은 당연히 누려야 할 우리의 권리이다.

미투 운동 2차 가해 문서에도 나와 있듯이, 이전의 성범죄 사건들부터 국내 미투 운동 이후에도 끊임없이 이어져 온 문제는, 용기를 낸 피해자들에게 문제를 뒤집어씌우거나 피해자 탓으로 돌리는 것이다. 또 피해자의 신변이나 개인정보 등을 함부로 파헤쳐 알리고, 이를 폄하하는 것을 내버려 두는 등의 비인간적인 행위도 자행되었다. 가해자로 지목된 쪽을 지지하거나 이해관계가 있는 이들이 마치 폭로에 대한 당연한 수순인 양 매우 적극적으로 이런 2차 폭력을 시도할 뿐 아니라, 심지어는 아무런 상관이 없는 이들도 가세하는 경우가 빈번하게 일어나기도 한다. 또 천주교 수원교구 사제 성폭행 사건 등의 사례처럼, 지은 죄를 은폐하려고까지 하는 파렴치한 이들도 있었다.

이는 폭로의 신뢰성을 떨어뜨리고 다른 피해자들의 폭로를 위축시킬 수 있다는 점에서, 잘못된 것을 바로잡자는 의로운 시도에 뜻을 모은 사람들에게는 참으로 답답한 악한의 방패막이가 되는 일이다. 또한 피해를 당하고도 가슴에 담아두고 끙끙 앓을 수밖에 없었던 이들의 억장을 무너뜨리는 일로서, 비판받지 않을 수 없다.

• 사랑과 행복 추구권은 당연한 것

사회환경이나 조직의 특성, 그간 국내의 분위기 등의 문제점을 젖혀두고 '왜 이제야 폭로하는 거냐? 오래된 일을 이제 미투 하는 이유가 수상하다. 꽃뱀 아니냐? 돈을 요구하는 거 아니냐?' '해달라는 쪽이나 해주는 쪽이나 같다' '그렇게 당했다면서 여태 가만히 있었던 게 이상하다' '겨우 그 정도로 호들갑이냐' '뭘 바라고 이러는 것이냐'와 같은 무례한 반문을 달거나, 말했듯이 폭로한 사람의 신상을 함부로 털거나, 이를 바탕으로 '(처지를 보아하니) 이 사람은 돈, 영달 등을 위해서 이런 일을 벌인 것'이라는 음모론을 펴는 등의 각종 공격은 미투 행위를 주춤하게 만들 수밖에 없다.

각자가 처한 상황에 따라서 본인의 피해 사실을 뒤늦게 알리거나, 알리지 못하고 가슴에 담아두었다는 것이 피해자가 지탄받아야 할 이유는 될 수 없다. 2차 가해는 이미 상처 입은 피해자를 두 번 울리는 극악의 행위이며, 성범죄와 함께 근절되어야 할 추악한 범죄이다.

미투를 하는 사람들의 수 자체가 적은 점은 사실이고 그러한 사례에 대한 공론화나 여론 형성의 과정에 힘을 실어줄 커뮤니티의 부재 등을 원인으로 볼 수 있다. 이런지런 경우로 나눌 필요 없이 피해를 당한 이들이 누구라도 자신의 피해 사실을 폭로하여 모든 경우의 성폭력에 대한 문제 인식의 확산이라는 건설적인 결과로 이어질 수 있도록 독려받아야 한다. 우리에게는 각자의 사랑과 행복 추구권이 있기 때문이다.

• 펜스 룰 Out! 우리가 바라는 건 아니다

우리는 남녀 사이에 이른바 '펜스 룰(Pence Rule, 남성이 가족 이외의 여성과 단둘이 있는 상황을 만들지 않는다는 원칙)'이 처지고 있는 상황을 원하는 것이 아니다. 미투를 계기로 조심한다고 하면서 남성들이 여성들과 거리를 두는 현실은 사랑과 결혼은 물론 올바른 인간관계를 저해하는 요인이 되고 있다. 이는 모든 이성을 단순히 성적 대상으로 환원하는 오류를 내재하고 있기 때문이다. 또한 직장 생활과 같은 공적인 영역에서 펜스 룰을 실천할 경우, 여성이 동등한 업무 기회를 갖지 못하고 배제된다는 점에서 성차별적이란 비판이 일고 있다.

남녀가 함께 만나고 사랑을 하지 말라는 것이 아님에도 이렇게 과도하게 미투에 저항하는 사회 분위기는 한편으로 결혼과 연애, 데이트를 방해하기도 한다. 우리가 바라는 것은 미투가 위드 유(With You)가 되어 함께 행복한 사랑을 나누고 행복한 삶을 만들어가는 것이 아닐까? 미투를 계기로 평등한 세상이 오길 바란다.

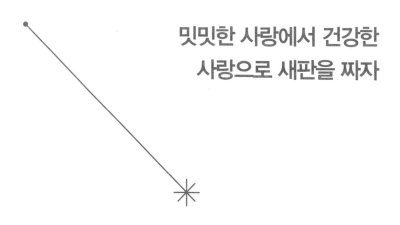

밋밋한 사랑에서 건강한 사랑으로 새판을 짜자

• 결혼은 했으나 남남처럼 사는 사람들

사랑은 서로의 취향과 개성을 인정하는 평등한 관계에서 시작된다. 그리고 사람은 누군가와 재미있는 이야기를 나누고 의논하며 위로를 받는다. 아무리 힘들어도 자신을 믿어주는 한 사람만 있다면 견딜 만하다는 것이 우리의 인생이다. 그러므로 사람에게는 스스로를 사랑하는 것만큼이나 다른 사람에게 인정받는 것 역시 매우 중요한 행복의 요소가 된다. 그리고 이러한 인간의 사회적 욕구는 우정이나 사랑, 어떤 집단에 소속되어 있다는 소속감과 다른 사람으로부터 존경받고자 하는 마음 등 다양한 방식으로 표출된다. 그런데 결혼을 했으면서도 서로를 위로하고 지탱하는 것이 아니라, 남남처럼 밋밋하게 사는 사람들이 늘고 있는 것은 왜일까?

등산을 갔는데 남녀가 서로 손을 잡고 다닌다면 그들은 분명 부부가 아니라 부적절한 사이일 것이라는 우스갯소리가 있다. 또, 남편과 아내가 서로 스킨십이라도 하려 하면 "가족끼리 이러는 거 아니야"라고 한다는 말도 있다. 그만큼 부부가 되면 오히려 멀어지는 일이 많고, 더 가까워지는 사례는 드물다는 의미가 내포되어 있다. 서로 사랑해서 결혼에 이르렀는데, 어째서 결혼 뒤에 서로를 더욱 좋아하고 아끼며 한층 더 깊이 있는 관계를 만드는 것이 아니라, 서로에게 오히려 별 관심이 없어지는 걸까? 어째서 서로 미워하는 사이보다 더 못한 밋밋한 사이가 되고 마는 걸까?

갈등을 회복할 수 있음에도 서로 노력하지 않고 회복하려 하지 않는 부부가 많다. 그리고 이것은 부부 사이를 밋밋하게 만들고, 그러한 상황을 지속시킨다는 점에서 큰 문제이다. 갈등과 싸움을 회피하지 말고 관심을 기울여 왜 지금과 같은 갈등이 생겼는지 원인을 찾는다면, 적어도 무늬만 부부인 관계에서 한 단계 업그레이드되는 계기를 마련할 수 있을 것이다. 서로 사랑해서 만났는데, 노력한다면 아무리 힘들어도 안 풀릴 일이 있겠는가? 마음을 열고 풀어내려 마음만 먹는다면, 처음의 사랑하는 마음을 더 오래 유지할 수 있다.

• 둘이 같이 움직여야 더 빨리 좋은 관계를 만든다

만일 밋밋한 사랑으로 있으나 마나 한 관계를 맺고 있는 커플이 있다면, 나는 여성들에게 먼저 소극적인 울타리에서 벗어나 상대에게 적극적으로 손을 내밀라고 권하고 싶다. 그리고 남편들에게는 아내의 마음을 보듬는 데 최선을 다하라고 제안할 것이다.

혹시라도 여성이 더 적극적일 경우 여성스럽지 못하다는 인상을 남길까 봐 망설이는 이가 있다면 구시대적인 사회적 통념에서어서 벗어나자. 그리고 남편에게 사랑한다고, 포용하자고 먼저 말을 꺼내자. 남편이라면 아내가 왜 시큰둥하며 등을 돌리고 자는지 물어야 할 것이다. 무엇이 아내를 서운하게 했는지, 지금 감정이 어떤지 읽어내려는 노력을 해야 할 것이다. 아내도 마찬가지다. 남편이 먼저 다가와야 한다는 고정관념을 버리고 자신 있게 다가가자. 사랑은 서로가 노력하고 만들어갈 때 완성된다. 그리고 양쪽 모두가 다가가야 중심에 더 빨리 도달하게 될 것이다. 남자든 여자든, 누구라도 적극적이고 주체적으로 사랑을 만들기 바란다.

• 사랑의 새판을 짤 때

지금 어떤 사랑을 하고 있는가? 주변의 여러 지인들과 이야기해보아도 결혼해서 신혼 기간이 지나면 대개가 그저 그런 감정으로 살아간다. 물론 개인차는 있지만, 가족 안에서 친구 같은 우정(?)과 의리(?)를 나누는 부부가 대부분이다. 성 상담이나 성교육을 다녀도 뜨거운 사랑에 대한 열망은 젊은 시절 한때의 것이라고 생각하는 사람들이 많다. 그렇다면 왜 밋밋한 사랑에서 건강하고 아름다운 사랑으로 새판을 짜는 일이 중요할까?

코로나19 이후 세상은 빠르게 변화하고 있다. 라이프 스타일뿐 아니라, 삶의 전반적인 태도와 행동 면에서도 새로운 시대의 새로운 관점에 맞추어 살아가야 한다. 온라인, 비대면, 1인 가구 증가

등 시대 변화에 따라 가족의 개념도 형태도 바뀌고 있다. 연애의 방식도, 결혼을 생각하는 젊은이들의 시각도 예전과는 천차만별이다. 이제는 연애도, 결혼도, 사랑도 누구나 해야 할 의무가 아니라, 개인이 선택하는 시대이다. 사랑도 소극적인 방식으로는 통하지 않는다. 상대가 내 마음을 알아줄 때까지 기다리거나 인내하거나 얌전을 빼는 사랑은 통하지 않는다. 오직 현모양처를 꿈꾸는 것이 미덕이었던 것은 이제 구시대의 유물에 불과하다. 여자답게, 남자답게라는 말도 이제는 더더욱 통하지 않는다. 생각과 환경이 모두 바뀌고 있으며, 바뀌어야 살아갈 수 있다.

나는 미래의 부부나 커플일지라도 함께하면서도 '따로 또 같이'의 철학을 갖추어야 한다고 강조하곤 한다. 그러므로 주체적인 사랑으로 인생의 주연이 되어, 내가 선택하고 스스로 자기 자신의 사랑을 만들어야 한다. 각자 자유롭게 추구하는 삶의 목표나 내용이 있다면 개별성을 존중해주고 서로 상호 보완하는 관계를 만들면 된다. 사랑하는 상대와 함께할 수만 있다면 삶의 모든 순간이 즐겁고 행복하게 느껴질 것이다

• 건강한 부부 관계, 커플 관계는 삶의 든든한 버팀목

커플 간, 연인 간 사랑하면서 든든하게 버팀목이 되어주고 함께 존중하고 챙겨주는 사람들은 육체적으로도 정신적으로도 훨씬 건강한 삶을 영위한다. 따라서 이들은 당연히 수명도 길어진다. 부인할 수 없는 사실이다. 사랑을 하고 있는 사람은 힘든 일이 있어도

늘 마음이 든든하고 웃음이 많고 일들이 잘 풀려나갈 것이다. 그리고 깊은 사랑과 함께하는 섹스는 행복하고 건강한 삶의 가장 주요한 활력소가 된다. 실제로 최근 섹스에 대한 긍정적인 태도와 행위가 질병에 대한 면역성과 저항력은 물론 일반적인 건강 상태와 삶의 질까지 향상시켜준다는 연구 결과들이 많이 보고되었다. 또 사랑과 섹스의 관계를 뒤바꿔 생각해도 같은 결론에 이르게 된다. 영어로 섹스를 'Making Love'라고도 표현한다. 끊임없이 노력하면서 아름다운 사랑을 만들어낸다는 뜻이다.

나는 직업상 많은 사람들을 만나면서 아름다운 사랑과 성에 관한 이야기로 웃음과 기쁨을 나누었으며 그 속에서 슬픈 사랑도 보았고, 아름다운 사랑도 수없이 많이 보았다. 내가 만난 연세 드신 할머니, 할아버지들 가운데는 사랑하는 애인이 생겼다고 당당하게 자랑하는 분들도 계셨다. 쑥스러워하면서 얼굴이 빨개지는 어르신들부터 배꼽을 잡으며 애인 이야기를 꺼내는 어르신, 애인이 사랑을 안 받아주어 슬프다고 우는 어르신까지 인간의 성과 사랑에 관한 이야기는 때와 장소를 가리지 않고 언제나 상담이나 교육 현장의 분위기를 한층 고조시키곤 했다.

그동안 사적인 영역으로 치부해온 성과 관련된 이야기를 겉으로 드러내놓고 이야기하는 것이 아직 힘든 것은 사실이다. 그러나 지나온 삶을 돌아볼 때 사랑하는 사람이 가까이 있다는 것은 젊은이뿐만 아니라 어르신들에게도 삶에 활력을 불어넣고 행복을 주는 일임에 분명하다. 건강한 부부 관계를 이어가는 사람들이 건강한 데다 수명도 길어지는 이유도 마찬가지다.

• 사랑도, 섹스도 혼자 할 수 없다

수많은 사연들 중에는 슬픈 사랑도 있고, 죽어도 좋은 아름다운 사랑도 있다. 지나온 나의 삶을 보더라도, 나의 옆에 늘 사랑하는 사람들이 있었기에 삶이 즐겁고 행복할 수 있었다. 한편 사랑이든 연애든 서로의 감정을 읽어주고 물어보며, 서로 다름을 인정하면서 원하는 것을 알아가는 일은 중요하다. 그리고 실천하는 것에는 또 다른 노력이 필요하다. 더러는 20년, 30년 이상 살다 보니 이제 사랑이 뭔지조차 모른 채 그저 세월 가는 대로 살아내고 있다고들 말하기도 한다. 그러나 멋지게 살고 싶다면 삶 속에서 지혜로운 도전, 즉 '사랑과 성'에 대해 다시 한번 점검하고 정체된 감정을 이끌어내야 할 것이다. 나는 지금도 더 많은 사람들과 사랑과 성에 대해 더 많은 이야기를 나누고, 또 소통하고 싶다.

'사랑'이라는 단어는 많은 의미를 내포하고 있다. 아름다운 사랑은 노력으로 만들어진다. 그리고 그 사랑에는 섹스도 당연히 포함된다. 진정한 섹스를 통해 두 사람은 완전히 하나가 되고, 말로는 표현할 수 없는 진하고 뿌듯한 사랑의 느낌을 경험하게 된다. 햇볕에 소리 없이 눈이 녹아내리듯, 갑자기 모든 어려운 일들도 저절로 해결되는 듯 느껴진다. 이렇게 사랑을 창조하는 섹스는 혼자 하는 것이 아니라 둘이 하는 것이며, 혼자만 느끼는 것이 아니라 둘이 함께 느끼는 것이다. 단순한 본능적인 행위를 넘어, 끊임없이 함께 배우고 익혀나가는 것이 아름다운 사랑의 행위이다.

섹스에 대해 이러한 긍정적인 태도와 가치관을 갖고 건강한 성을 유지해가면 행복한 부부 관계와 화목한 가정은 저절로 만들어진다. 그리고 개인적으로도 만족스럽고 풍요로운 삶을 갖게 된다. 당신에게는 지금 사랑하는 사람이 있는가? 사랑하는 사람이 없다면 당장 사랑하는 사람을 만들어보자. 그리고 새롭고 즐거운, 나만의 삶을 만들어가기 바란다.

• 행복한 사람은 건강하게 오래 산다

행복은 마치 산 정상에 오르면 가슴팍이 확 트이는 기분과 비슷하다. 과학자들은 실제로 행복이 신체 건강에 긍정적인 영향을 미친다고 보고 있다. 이러한 견해를 뒷받침하는 근거도 제시됐다. 국제학술지《응용 심리학: 건강과 웰빙(Applied Psychology: Health and Well-Being)》에 게재된 최신 논문에 따르면 행복과 신체 건강은 매우 밀접한 상관관계에 놓여 있다고 한다. 미국 유타대학교 사회심리학과 에드워드 디너 교수팀 역시 행복이 건강에 영향을 미친다는 점은 의심할 여지가 없는 사실이라고 단언했다.

여기엔 몇 가지 논리가 적용된다. 우선 행복한 사람은 자신의 건강에 관심이 많다. 건강에 좀 더 신경 쓰기 때문에 운동, 식단, 수면 등에 있어 건강한 선택을 한 확률이 높다. 행복한 사람일수록 심혈관계, 면역시스템, 호르몬과 염증 수치, 상처 회복 속도 등에서 실제로 양호한 상태를 보였다. 행복에도 보다 진지하게 접근하는 태도가 필요하다. 즉 매일 커플 간에 소통하고 원하는 것을 이야기하며 맞추려 하는 노력이 중요하다. 노력과 배려, 사랑을 통해 좋은 관계를 유지하는 사람은 그만큼 건강하게, 오래 산다.

• 결혼 생활, 가족공동체의 가치관도 바뀌어야 한다

시대가 변하는 만큼 결혼 생활도, 가족관계도 바뀌고 있으며, 바뀌어야 한다. 그래야 오늘날 '젠더 문화'가 직면하고 있는 남녀 갈등의 위기를 극복할 수 있기 때문이다. 남녀평등, 양성평등은 이제 보편적인 가치관이 되었다. 우리들의 의식과 생활 태도도 그에 맞추어져야 한다. 여성에 관한 기존의 패러다임도 조금씩 변화해야 할 때다.

현대사회에서 가족 위기, 가족 해체, 가족 붕괴 현상은 점점 심화되고 있다. 많은 가족이, 서로 사랑해야 할 부부와 커플이 서로를 이해할 수 없어 불행하고, 서로 삶의 방식을 인정하지 않는 등의 다양한 문제로 행복하지 않다고 호소한다. 오늘날 가족을 이루는 핵심 주체인 커플들은 왜 흔들리는 것일까? 왜 충분히 행복을 느끼지 못하는 것일까? 우리는 서로의 다양성을 인정하면서 각자의 가족관과 세계관은 무엇인지 다시 돌아보는 것에서부터 새롭게 고민을 시작해야 할 것이다.

많은 사람들이 끊임없이 열정적으로 사랑하기를, 결혼하고 부부가 되어도 영원히 애인 같은 부부 관계를 이루기를 꿈꾼다. 그것은 과연 가능한 일일까? 낭만적인 사랑에 기초한 결혼의 선택과 결혼 생활에 대한 기대도 이제는 변하고 있으며, 현실의 부부 관계에서는 좀처럼 실현되지 못하고 있다. 한편 맞벌이 부부의 증가와 성별 분업 구조의 약화로 부부 관계의 경제적인 의존도 역시 점차 약화되고 있다. 서로 뜨겁게 사랑해서 결혼한 부부간의 관계를 처음처럼 유지할 수 있는 방법은 무엇일까? 세월의 흐름에 따라 부부간의 열정도 쇠퇴하는 것은 당연하다. 하지만 그러한 열정이 식는다면, 그로 인해 탄생한 가족 역시 점차 해체되어갈 수밖에 없을 것이다. 그렇다면 사랑을 지속적으로 유지하고 변함없이 지켜낼 수 있는 방법을 고민해야 할 것이다.

나는 서로에 대한 배려가 가장 강력한 사랑의 기술이라고 생각한다. 상대방을 지배하거나 통제하고, 낮추어 비하하려는 것은 사랑이 아니다. 사랑은 서로의 취향과 개성을 인정하는 평등한 관계에서부터 시작되는 것이다. 그러므로 이것은 영원하면서도 변치 않는 사랑의 기술이다.

우리에겐 건강하고 행복하게 살기 위한 사랑 추구권이 있으며, 각자의 삶을 위해 사랑도 행복도 잘 만들어내야 할 의무와 책임이 있다. 긴 인생 여정 속에서 사랑이라는 울타리 안에서 부부로 함께, 오래 잘 살아내려면 사랑의 기술과 삶의 방법, 가족의 모습도 새 시대에 맞추어 새판을 짜야 하지 않을까?

혼자 살아도 충분히
행복할 수 있다

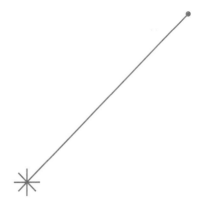

• 함께 있어도 외롭다면

커플이기에 가질 수 있는 사랑과 행복의 모습도 있지만, 최근에는 혼자서도 행복을 추구할 수 있으며, 또 다양한 방법으로 행복을 추구하는 사람들이 늘어나고 있다. 행복의 조건은 각자 다르다고 보기 때문이다. 이런 시각에서는 사랑도 행복도 모두 본인의 선택과 자유의지에 따른다.

옛날에는 결혼을 안 한다는 것은 감히 말도 안 되는 일이라고 생각했다. 그러나 "혼자 사는 게 편해요. 꼭 결혼해야 할 이유가 있나요?"라며 혼자 사는 골드 미스부터 이혼 뒤에 혼자 살아가는 사람, "비혼주의자, 혼자라서 행복해요"라고 외치며 사는 사람들이 주변에 많아졌다. 또한 요즘엔 결혼해서 함께 있어도 외롭다고 하는 사람도 많다.

함께 살아도 어렵고 힘들다면, 나 혼자 외롭지 않게 잘 살 수만 있다면 반드시 결혼을 해야 할까? 비혼주의자들이 늘어나고 있는 이유이기도 하다. 1인 가구나 홀로 뭐든지 하는 혼족들이 지속적으로 늘어나고 있는 상황을 이해하지 못할 것도 아니다. 같이 있어도 외롭고, 있으나 마나 하다면 혼자서 편하고 행복하게 잘 살면 된다. 최근엔 혼자 살면서 반려동물이나 반려 식물에 애정을 쏟는 경우도 많다. 누가 뭐라 해도, 자신이 선택한 가족이니 부족한 부분을 채워가면서 잘 살면 된다고 생각한다. MBC 예능프로그램 〈나 혼자 산다〉가 오랫동안 인기리에 방영되고 있는 이유도 요즘 시대를 잘 읽어내어 반영하고 있기 때문이 아닐까.

실제로 요즘은 혼자 살아도 외로움을 극복하는 방법을 공유하는 등 혼자 살아도 전혀 외롭지 않은 세상이다. 혼밥, 혼술, 혼족이 대유행하고, 각종 온라인 커뮤니티 활동을 통해서 대면하지 않고도 타인과 취미 생활을 공유하는 것이 가능하기 때문이다. 예전 아날로그 시대처럼 완전히 혼자 고립되는 일은 불가능하다. 혼자가 좋아서 혼자 사는 삶을 택한 사람들의 자유의지를 인정하는 시대인 것이다.

사람들이 쓰는 용어도 시대에 따라 변화했다. 예전에는 흔히 쓰였던 미혼, 노총각, 노처녀라는 말은 거의 사라진 듯하다. 최근에는 '비혼(非婚)'이라는 표현이 정착되었다. 미혼(未婚)이라는 단어는 '혼인은 반드시 해야 하는 것이지만 아직 하지 않은 상태'라는 의미를 담고 있기에, '혼인 상태가 아님'이라는 보다 주체적인 의미로 여성학계에서 사용하기 시작한 단어가 비혼이다. 독신(獨身) 또는 싱글(single)의 개념을 넘어서 결혼에 대한 태도와 가치관을 드러내는 용어라 할 수 있다.

• 비혼, 싱글리즘, 혼섹스… 용어들의 전성시대

이처럼 결혼을 하지 않고, 비혼을 선택하는 것을 비혼주의라고 부른다. 2000년대 이후 독신 인구가 증가함에 따라 1인 가구가 증가하고, 비혼공동체가 등장한 것도 이 같은 세태를 반영한다.

반면에 싱글리즘은 미국의 사회심리학자인 벨라 드파울로(Bella Depaulo) 박사가 저서 《싱글리즘》(박준형 옮김, 슈나, 2012)에서 처음 사용한 용어로, 비혼보다 결혼을 이상적으로 생각하고 싱글 또는 비혼주의자에게 부정적인 편견을 갖는 일종의 차별주의를 일컫는다. 이렇게 싱글리즘은 차별적인 언어로 생겨났지만, 요즘은 혼자 사는 것을 즐기는 것을 지칭하는 말로 확대하여 쓰는 사람들이 많다.

그런가 하면 혼섹스는 혼자 하는 성행위를 말하는 것으로, 자위행위를 포함해 파트너 없이 성적인 즐거움을 혼자 누리는 행위를 말한다. 요즘은 성적 대체용품이 많이 나와 있어, 혼자 살아도 얼마든지 성적으로 자신을 위로하는 행위가 가능하다. 혼섹스의 일환으로 자위행위는 결혼과 무관하게 성 치료 방법으로도 사용되며, 효과를 보고 있다. 누구든지 파트너가 없을 경우 혼자 사는 데 익숙한 사람들은 자위행위에 익숙해질 것이고, 스스로 성적 욕구를 채워가며 살 것이다. 파트너와 관계하는 것보다 오히려 혼자 하는 것을 더욱 즐기는 사람들도 있다. 혼섹스에 대한 부정적인 시각은 점차 사라지고 있다고 본다. 자위행위, 일명 마스터베이션은 파트너가 없을 경우 자신의 신념대로 스스로 성적 욕구를 해결하며 살아가는 대체제로서 이제 보편적으로 받아들여지고 있다.

• 혼자서도 얼마든지 사는 세상

혼자서도 잘 살아야 하는 이유는 무엇일까? 혼자 잘 사는 사람이라야, 둘이 만나도 잘 살 수 있기 때문이다. 내가 고등학생이던 1980년대, 졸업을 앞두고 생활주임 선생님께서 했던 말이 생각난다. "한 사람을 만나 적어도 사계절을 겪어보고 나서 결혼해야 한다. 그리고 사람의 성격을 파악하려면 적어도 1년은 사귀어야 하며, 아주 신중하게, 잘 선택해서 결혼해야 한다"라고 당부하셨다. 당시로서는 성교육인 셈이었다. 그리고 오래된 비디오 한 편을 보여주었는데, 제목이 기억나지 않는 그 비디오의 내용은 조금씩 썩어들어가는 사과를 보여주면서 순결을 잃으면 여자는 모두를 잃은 것이며, 점점 인생이 망가진다는 것이었다.

불과 몇십 년 전만 해도 여성들에게 순결은 가장 중요한 '덕목'으로 강요되었고, 사회인이 되기 직전 학생들을 강단에 앉혀놓고 특강 식으로 했던 성교육은 이렇게 순결지상주의에 치우친 교육이었다. 내가 친정 부모님에게 받은 교육 역시 가부장제의 억압된 교육이었고, 여성을 내돌리면 깨지는 그릇에 비유하면서, 드러내놓고 연애하면 마치 큰일이 나는 것처럼 간주했다. 또 여자는 남자를 잘 만나야 된다면서 남자를 잘 고르는 기술을 가르쳐주기도 했다. 말할 것도 없이 자위행위는 부정적인 행동으로 보고, 하면 안 되는 것처럼 교육시켰다.

그러나 이제 시대가 바뀌었다. 순결은 철이 지나도 한참 지난 과거의 유물이 되었고, 순결을 지키는 것의 여부는 각자의 신념과 가치관에 따르는 게 자연스러운 시대가 되었다. 자위행위 역시 건강한 방법으로 성적 욕구를 해소하는 방편으로 받아들여지는 세상이다.

• 둘이 함께라면 더 좋다

한편으로는 편하게 살고 싶어서 혼자 사는 삶의 조건을 택하는 이들도 많다. 둘이 만나 신경 쓰고 성격을 맞추기 등의 과정을 겪어보니 너무 힘들어서 혼자가 오히려 편하다고 생각하거나, 굳이 연인을 찾으려 애쓰지 않은 결과 자연스럽게 혼자가 된 이들도 많을 것이다. 후자인 이들은 먹고살기도 힘든 세상에 둘이 만나 같이 고생하느니 나 혼자 조금 벌고 적게 쓰면서 맘 편하게 살고 싶어 한다.

'사토리 세대(悟さとり世せ代だい, 사토리세다이)'는 2010년대 일본의 20~30대를 가리키는 말이다. 다소 소극적이며, 불필요하다고 생각되는 것에는 한 번의 관심도 보이지 않는, 철저히 개인주의적인 세대다. 무모한 도전을 기피하고 회피하는 특징도 두드러진다. 사토리 세대는 무한 경쟁, 적자생존을 원칙으로 했던, 수십만 년 동안 바뀌지 않았던 세계의 질서에서 약간 벗어나 자신만의 행복을 극대화할 수 있는 인생관을 추구한다.

그런데 요즘 우리나라의 젊은 세대들도 일본의 사토리 세대를 따라가고 있는 듯해서 걱정스럽기도 하다. 물론 우리의 젊은이들에게는 여전히 '역동성'이 남아 있고, 또 건강한 활력이 넘치기에 일본 젊은이들과는 두드러지게 다르다. 이 사실 하나만은 분명하다.

자신의 행복만을 극대화하는 인생관도 물론 이해할 수 있다. 하지만 사람이 사람에게 받는 사랑과 위안, 또 스킨십 등은 사회적 동물인 인간에게 꼭 필요하며, 사람 사이에서 서로를 위로하는 행복이기도 하다. 그래서, 혼자서도 얼마든지 살 수 있지만 둘이 함께라면 더 좋은 세상이 열린다고 강조하고 싶다.

• 섹스토이와 러브돌

가까운 일본에서는 성 대체 로봇이 인기라고 한다. 사람과 똑같이 생긴 로봇에게 말을 걸고, 사랑을 나눌 수 있는 성인용품도 합법적으로 인기리에 팔린다고 한다. 섹스토이를 비롯한 성 대체용품 시장은 앞으로 일본뿐 아니라 전 세계적으로 확대될 것이다. 사람과 아주 똑같은 섹스돌까지 판매하는 인공지능 시대에 무엇이 불가능하겠는가? 방법은 무궁무진할 것이다.

2019년, 대법원이 성인용품 '리얼돌'의 수입을 허가하면서 한국 사회에서는 '리얼돌' 논란에 불이 붙기도 했다. 그 와중에 여자 청소년 모습을 한 모형은 불법으로 판단했고 성인 외모의 모형은 합법으로 판단된 듯하다. 그런데 과연 어린 여성 모형의 판단 기준은 무엇일까? 그리고 이는 누구의 관점에서 누구의 시각에서 결정하고 구분한단 말인가? 그 논란을 보면서 나는 무엇이 혼족, 혼섹스에 대한 인간의 기본 행복 추구권을 결정하는 것인지 궁금해졌다. 혼섹스와 관련해서 성 대체용품들이 나오는 것은 바람직하나, 윤리적, 법적인 기준은 마련되어야 한다.

또 혼족들에게는 건강하게 섹스토이를 선택할 수 있는 선택권이 있다. 건강하게 성적 욕구를 해결하는 마스터베이션부터 욕구 해소를 돕는, 전혀 이상하지 않은 도구들을 찾아보고 내가 원하는 행복한 삶을 위해 선택하는 것은 자유다. 섹스토이를 활용하는 것도 건강하게 살아가는 방법 중 하나이며, 자신의 선택에 대한 확신과 위로를 얻을 수 있는 방법이다.

• 따뜻한 사랑이 있을 때 더욱 건강하고 행복하다

능력에 상관없이, 이제 결혼은 선택이다. 언제든지 자유롭게 하고 싶은 것을 모두 하면서 편하게 살아가는 혼족이 늘어나는 것은 앞으로도 당연한 사회현상일 것이다. 그럼에도 나는 여전히, 혼자 사는 것을 선택하라고 권하고 싶지는 않다. 나도 가끔은 혼자 여행을 하고, 등산을 하고, 생활하는 것이 편하기도 하지만, 함께할 때의 행복한 만족스러움이 있다. 결국에는 누군가와 같이 있는 생활을 찾는 것이다.

나는 인간의 따뜻한 사랑보다 좋은 것은 없다고 믿는다. 아무리 성 대체용품이 많아지고, 혼자 사는 일이 쉬워진 세상이 왔다 해도, 나는 여전히 사람의 스킨십만 한 것은 없다고 생각하기 때문이다. 아무리 대체용품이 다양하고 혼자 사는 것이 편하고 좋을지라도 사랑하는 사람의 살이 주는 위안과 따뜻함, 서로 함께하는 사랑에 비할 수는 없다고 생각한다. 신이 인간에게 주신 성적 욕구와 최고의 쾌감은 그 어느 것보다 강렬한 행복이기 때문이다.

개인의 선택권은 존중받아야 마땅하다. 그리고 물론 선택은 각자의 몫이다. 그러나 인간이 주는 따뜻한 사랑을 잊지 말고, 이것이 최고의 행복임을 많은 이들이 느꼈으면 좋겠다. 외로움이 수명을 단축한다는 말도 있지만, 건강하고 행복한 사람으로서 사랑하는 사람과 함께 부대끼며 살아가는 것이 진정한 행복이라고 본다. 사랑하는 사람과의 행복은 그 어디에도 비교할 수 없는 것이며, 모두가 누려야 할 권리임을 잊지 않기를 바라는 마음이다.

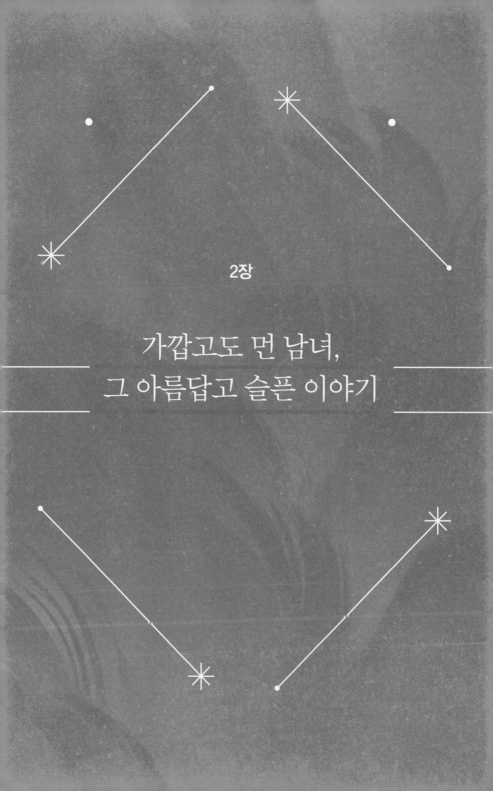

2장

가깝고도 먼 남녀,
그 아름답고 슬픈 이야기

부부와 커플은
무엇으로 사는가?

• 노 샤워, 노 섹스(No Shower, No Sex)

내가 운영하는 상담센터에 한 달에 몇 건씩 걸려오는 공통된 상담
전화가 있었다. 바로 '샤워하지 않고 성관계를 요구해오는 파트너'
에 대한 고민이다.

오늘 남편이 퇴근하자마자 관계하기를 원하기에 욕실에 들어
가 씻으려고 했습니다. 그랬더니 남편은 그냥 하자며 막무가내로
저를 끌어안는 것이었습니다. 이럴 때 어떻게 반응을 보여야 할
지 아주 난감했습니다. 저는 깔끔하게 서로 씻고 준비된 상태에
서 관계하고 싶은데 남편은 안 그런 적이 많아요. 저도 저이지만,
남편노 샤워 전이라 저는 관계에 몰입하기가 매우 힘이 드는 게
사실입니다. 자꾸 신경이 쓰여서요.

이 같은 고민은 신혼기의 젊은 부부들에게서 자주 볼 수 있다. 어떤 사람에게는 파트너의 강한 체취가 오히려 성적 자극으로 작용할 수도 있다. 그러나 성관계 전에 깨끗하게 씻는 것은 파트너에 대한 기본적인 예의일 것이다. 또한 건강하고 아름다운 성관계를 오래 유지하려면 남자와 여자 모두 위생에 특별한 관심을 가져야 한다.

여성의 경우 상대가 깔끔하지 않은 상태에서 섹스를 하면 대하증이나 질 또는 자궁에 외부 세균감염에 의한 각종 염증이 생길 수 있다. 대한 성학회 학술대회에서는 남성들이 제대로 씻지 않은 상태에서 성관계를 할 경우 여성이 자궁암에 걸릴 확률이 높다는 보고서가 발표된 바 있다.

No Shower, No Sex는 이처럼 여성의 성 건강을 지켜주는 당연한 배려이고 진정한 사랑이다. 무엇보다 섹스란 서로가 만족스럽게 준비된 상태에서, 서로가 원할 때 맺어야 하는 것이므로 어느 한쪽의 일방적인 결정에 좌우되면 안 된다.

앞의 상담 사례자의 경우에는 남편에게 명확하게 자신의 감정을 전달해야 한다. 또 샤워하지 않은 상태에서는 몰입하기 힘들다는 것도 충분히 어필하는 일이 필요하다. 'No Shower, No Sex'. 간단하지만 지켜야 하는 규칙이 있음을 알려주는 게 좋다. 사랑하는 사이에 우선 상대가 무엇을 원하는지 헤아리는 것은 기본이다.

나는 앞의 사례자에게 남편과 같이 샤워를 하라고 권유했다. 욕실에서 함께 샤워를 하는 것도 전희 과정임을 남편에게 설명하고 받아들일 수 있도록 설득시켜, 성관계 직전에 함께 샤워를 할 수 있도록 약속하는 것이다. 그리고 샤워하면서 자연스럽게 관계로 이어질 수 있도록 하면 더욱 친밀함을 느낄 수 있고 로맨틱할 뿐 아니라, 청결과도 직결되니 좋은 방법이라고 생각된다. 서로 비누 거품으로 마사지를 하는 것은 그 자체로 아름다운 사랑 행위가 될 뿐 아니라 더욱 부부 관계를 행복하고 멋지게 만들 수도 있다.

• 여자의 가장 민감한 성감대

"여성에게 가장 민감한 성감대는 어디입니까?" 많은 상담자들이 물어오는 질문이다. 남성들은 특히 어떤 체위와 어떤 방법의 성행 위를 했을 때 여성들이 가장 좋아하는지 정말 궁금해한다.

여성의 질은 입구로부터 시작해서 경구, 즉 자궁의 초입까지 동 굴 모양으로 연결되어 있다. 안쪽은 부드러운 피부조직으로 이루 어져 있으며 질의 길이는 여성마다 다르지만 대개 7~13cm 정도 라고 한다. 질벽은 주름이 잡혀 있어 고도의 팽창이 가능하며 강한 탄력성을 가지고 있다. 그래서 지름 10cm가량의 신생아의 머리가 통과할 수 있는가 하면, 성교 시 두 파트너가 모두 만족할 수 있는 탄력성과 수축력을 갖고 있다. 질의 기능은 이처럼 남자의 성기를 받아들이고 성적으로 서로 쾌감을 느끼게 한다.

그러나 나는 여성의 신체 부위에서 가장 민감한 성감대는 바로 '뇌'라고 대답한다. 뇌가 먼저 상대를 받아들이고 자신의 기쁨을 인 지해야, 비로소 성기의 중요한 부분으로 성감대가 이어지기 때문이다. 여성과 남성의 차이점이 있다면 바로 이 부분일 것이다.

남성은 시각적이고 충동적인 반면 여성은 머리와 가슴으로 상대로부터 충분하게 사랑받고 있다고 느낄 때 애액이 분비된다. 모든 것을 받아들일 수 있는 분위기와 환경이 되었을 때 비로소 마음의 문이 열리며, 뇌에서 그것을 받아들이면 모든 것들이 녹아내리면서 몸도 마음도 모두 열린다고 한다. 그 감정이 확대될 때 사랑하는 사람에 대한 감정뿐 아니라 성감대도 활짝 열리는 것이다.

나는 남녀 모두가 이러한 각자의 차이를 제대로 알 때 비로소 진정한 의사소통의 장이 열린다고 생각한다. 그래야 여러 주제의 성적 커뮤니케이션을 포함하여 솔직담백하게 원활히 소통하고, 진정 서로를 이해하고 아는 파트너가 될 수 있다고 생각한다. 성적인 소통이 잘되는 사이일수록 서로가 편안하고 거리낌 없는 부부가 될 수 있다.

아직도 성적인 대화는 점잖치 못한 것이며, 성에 대한 것을 화제로 삼는 것은 '밝히는' 것으로 생각하는, 또는 그렇게 보일까 봐 걱정하는 보수적인 사고방식이 남아 있다. 그래서 친밀한 관계이면서도 성적 커뮤니케이션은 결코 쉽지 않다. 하지만 건강한 부부라면 성적인 소통도 편안하게 해야만 더욱 좋은 관계를 만들어갈 수 있다.

예를 들어 오늘 당신이 어느 부분을 이렇게 터치를 해주니 너무 좋았다거나, 다음엔 좀 더 중요한 신체 부분에 구체적으로 요구를 해달라고 하는 등 솔직하게 대화하는 것이 좋다. 또 '오늘은 당신이 참 잘했다, 좋았다' 등의 칭찬을 통해 서로 더욱 힘을 내고 자신 감을 가질 수 있다. 남성들은 특히 칭찬을 좋아한다.

이렇게 남녀의 다름을 인정하고 관계에서도 성적인 커뮤니케이 션이 잘 되려면 서로의 다름을 인정하고 서로의 마음과 감정을 말 해주는 것이 중요하다고 본다.

• 건강한 부부가 건강한 관계를 맺는다

어느 부부든 결혼 생활을 시작하면서 서로 발전하고 사랑하는 마음이 깊어지기를 희망할 것이다. 세월이 갈수록 관계는 깊어지고, 신뢰는 높아지며, 몸과 마음을 다해 조금씩 더 사랑이 깊어지기를 바랄 것이다. 이를 위해 많은 부부들이 늘 새로운 계획을 짜고 새로운 활력을 찾기도 한다. 이런 노력은 일상에서도 이루어지지만 성생활에서도 이루어진다. 서로 건강한 성생활을 영위하면서 늙어가기를 바라기 때문이다.

최근 내가 성 상담 및 강사 교육과정 프로그램에서 만난 A 부부는 이런 결혼 생활을 실천하는 분들이었다. 이들은 요일을 정해 부부 관계를 할 정도로 성생활의 중요성을 알고 서로 존중하며 관계의 패턴을 맺는다고 했다. 그래서인지 40대 중반의 나이에 자녀를 5명이나 두고 있었고, 지역사회 봉사활동도 열심히 하는 등 삶을 멋지게 살아가고 있었다.

두 사람의 얼굴을 마주한 나는 깜짝 놀랐다. 두 사람 모두 얼굴이 반짝반짝 빛났으며 윤기가 느껴질 정도였기 때문이다. 무엇보다,

두 사람 모두 너무나 아름답고 행복해 보였다. 역시 화목하게 지내는 부부는 얼굴빛부터 다르다고 했던가! 살아 움직이는 눈빛 또한 빛났다. 또 다른 60대 지인 부부도 부부 사이가 아주 좋고 행복해 보였는데, 이들도 정기적으로 건강한 성생활을 하고 있다고 했다.

내가 이들 부부에게서 느낀 점은 하나다. 부부 사이가 좋고 건강하면, 대화 역시 잘 통하고 일상생활은 물론 더 나아가 사회생활도 매우 적극적으로 활발히 하는 경우가 많다는 점이다. 건강한 신체에서 건강한 정신이 나오듯이, 부부 사이의 건강도 마찬가지라는 것을 보여주는 것이 아닐까?

• 성의 3요소는 생명, 사랑, 쾌락

나는 상담하러 오는 이들에게 성행위에 담겨야 할 온전한 성의 내용으로 크게 세 가지를 강조한다. 그 세 가지란 바로 생명, 사랑, 쾌락이다. 이 세 요소는 살아 있는 남성과 여성이 관계를 맺을 때 만들어지는 것으로, 하루아침에 생긴 게 아니라 긴 인류 역사 속에서 만들어져온 것이다. 처음에 생명이 있고, 다음에 사랑과 쾌락이 서로를 부추기며 탄생했다.

그러나 이 세 요소가 균형과 조화를 이루는 경우는 많지 않다. 생명이 강조되면 사랑과 쾌락이 무시되고, 쾌락이 강조되면 사랑과 생명이 빛을 잃는다. 생명, 사랑, 쾌락은 서로 떼려야 뗄 수 없는 '사랑의 필요충분조건'이다. 이 가운데 어느 하나가 빠져도 부부의 성은 견고하지 않게 된다. 생명에 대한 책임 없이 하는 사랑은 무책임하고 무모하며, 반대로 오로지 생명을 잉태하기만을 위한 행위 역시 사랑이 빠진 것이어서 무미건조해지기 쉽다.

사랑은 인간만이 가진 특권이다. 새끼를 낳아 번식하는 생명 활동은 동물도 하는 것이지만 사랑의 성행위는 인간만이 할 수 있다. 유독 인간만이 짝을 지어 서로의 관계를 굳게 하면서 지속적인 결합을 이룬다. 인간은 상대의 표정을 읽고 또 표현하면서 관계를 맺고 의사소통한다. 서로의 기분과 감정, 생각을 나누면서 공감대를 형성하고 일치감을 누린다. 오랜 세월을 거치는 동안 그 공감대와 일치감은 넓어져 사랑의 내용을 풍부하게 만들었다.

이제 남녀는 아기를 낳기 위해서만 성관계를 하지 않는다. 생명을 위한 성관계는 일생에 몇 번이면 족하다. 오히려 사랑을 느낄 때, 공감대 형성과 일치감을 확인하는 하나의 의사소통 과정으로 성관계를 한다. 공감대와 일치감이 클수록 성적 즐거움도 커진다. 성적 즐거움이 클수록 사랑의 깊이도 깊어지고, 사랑과 쾌락이 관계를 돈독히 만든다.

공감대와 일치감이 빠진 성, 사랑이 빠진 성은 불완전하다. 감각만을 위주로 즐거움을 찾고 쾌락을 좇는 성은 가짜다. 진정한 쾌락을 만들기 위해서는 담겨야 할 것들이 담겨야 한다. 생명과 사랑, 감정과 생각, 공감대와 인격이 담겨야 한다.

사람을 황폐하게 만드는 가짜 쾌락이 아니라, 기쁨과 활력이 넘치는 진짜 쾌락을 즐겨야 한다. 그런 성이야말로 우리를 더 나은 사람이 되게 한다. 아름답고 소중하고 건강한 성이 우리의 삶 속에

녹아내릴 때, 행복하고 건강한 삶이 될 것이다. 진정 사랑하는 사이라면 상대가 무엇을 바라고 희망하는지를 알아야 하며 또 알려고 노력해야 한다. 이것이 부부, 나아가 모든 커플이 행복하게 사는 최고의 방법이라고 확신한다.

'어?, 어~'
한 음절로 충분하다

• 남보다 못한 부부

최근에 찾아왔던 40대 후반의 중년 남성이 생각난다. 결혼 생활이 너무 힘들어 이혼이라도 해야겠다며 상담을 위해 힘들게 찾아왔다고 했다. 결혼만 하면 모든 것이 행복해질 것이라 생각했다는 그는 본인의 답답함을 털어놓으며 아내의 행동을 구구절절 이야기했다.

제 아내는 정리 정돈이 전혀 안 되는 여자입니다. 아내는 화장실에 들고 들어갔던 신문을 문 앞에 놓고 밟고 나옵니다. 화장대에서 화장하고 뒷정리는커녕 뚜껑도 닫지 않고 일어섭니다. 침대 위의 이불은 하루 종일 일이닐 내 헝클어진 모양 그대로 있고요. 외출 후 양말은 뒤집어 아무 데나 벗어놓고, 옷은 옷걸이가 방마다 있는데 바닥에 무더기로 벗어놓습니다. 운전하고 온 뒤

차 키는 아무데나 놓았다가 다음 날 외출 내는 치 키를 찾아, 온 집안이 한마디로 난장판이죠.

저는 아내와 달리 깨끗하고 단정한 것을 좋아합니다. 그래서 신혼 때부터 10여 년간 잔소리도 해보고 타이르기도 해보고 싸움도 해보고, 헤어지자고도 해봤지만 아내는 전혀 변화하지 않습니다. 아니, 날이 갈수록 더 심해졌다는 표현이 옳겠네요. 이제는 아내만 보면 화부터 납니다. 제 요구사항을 말하면 아내는 오히려 남자가 왜 이렇게 잔소리가 심하냐, 아무렇게나 해놓고 사람 좀 편하게 살자고 합니다. 언제까지 이러고 살아야 하는지 모르겠어요.

남편의 고충을 들으니 꽤 심각한 상태였다. 서로 상반된 성격이라 부부는 살면 살수록 점점 멀어졌고, 남편은 아내가 일부러 자기가 싫어하는 짓만 골라 한다고 생각하고 있었다. 부부가 남보다 더 못한 사이가 되고 차라리 없는 것이 더 낫겠다는 생각마저 하고 있었다. 나는 먼저 남편의 흥분된 마음을 가라앉혔다.

"남편분이 집안 정리를 걱정하느라 얼마나 힘드셨겠습니까? 거기다 나쁜 습관을 고치려고 애를 써봐도 안 되고, 이제 마음까지 멀어져 아내로부터 남편으로 인정도, 대우도, 사랑도, 존경도 받지 못하게 되었으니 살기조차 힘드시죠?"

그러고 나서 잠시 시간이 지난 뒤 다시 물었다.

"그런데 부군께서는 아내를 어떤 사람이라고 생각하시나요? 내 아이의 엄마이자 같이 인생을 살아가는 동반자로 보시는지, 아니면 집안 살림을 깔끔하게 정돈해야 하는 살림꾼이어야 한다고 생각하는지, 그것부터 여쭈어볼게요."

내가 이런 질문을 하자 남편은 잠자코 있기만 했다.

"혹시, 아내께서 연애할 때는 어떠셨나요? 그때는 깔끔하고 정리정돈을 잘하셨나요?"

그러자 남편은 조용히 이렇게 털어놓았다. 연애할 때도 마찬가지였다. 그래서 아내 자취방에 가면 자신이 청소하고 정리해주고, 그렇게 한바탕 시간을 보낸 뒤에야 데이트를 나가곤 했다고 말이다. 나는 다시 물었다. "다 알고 계셨으면서 이제 와서, 왜 부부 둘 다 힘든 생활을 하십니까?"

정리 정돈 못하는 것은 아내의 천성이고 단점이다. 절대로 고쳐지지 않는다. 지금까지 단점을 고치려고 애써봐도 결과는 마찬가지다. 고치기는커녕 정만 떨어져 이혼 직전에 와 있다. 자, 아내한테 화내고 성질내고 싸우는 데 쓰는 에너지의 딱 반만 덜어내서 정리 정돈하고 청소하는 데 써보면 어떨까? 내가 직접 내 마음에 들도록 말이다. 그날의 1차 상담은 그렇게 마쳤다.

• "이렇게 쉽게 되는 걸 몰랐습니다."
몇 달 뒤 나를 다시 찾은 남편은 의외의 모습이었다. 아내와 행복하게 잘 지내고 있으며, 관계가 회복되었다는 것이었다. 그분은 나의 꾸짖음(?)이 큰 깨달음을 주었다며 감사 인사를 하러 왔다고 했다. 그분이 실천한 것은 일주일에 딱 2회, 직접 청소하고 정리 정돈을 하는 일이었다. 그러자 아내가 무척 고마워하면서 더 이상 어지르지 않도록 노력하는 모습을 보여줬다고 했다. 그리고 거기에 더해 남편에게 훨씬 친절하고 잘 대해주어, 부부 관계가 원만해지고 많은 갈등 요소들이 해결되었단다. 남편은 힘들게 보낸 10여 년이 후회스러웠다고 했다.

배우자의 천성인 단점은 고치려 하면 안 된다. 문제가 더 커지고 힘들어진다. 서로를 인정하고 내가 대신 보완해주어야 문제가 해결된다. 이를 위해서 선행되어야 할 것은 고정관념을 깨는 것이다. 아내가 정리 정돈을 못하면 남편이 대신 보완하고, 남편이 돈벌이에 소질이 없으면 아내가 직업을 가져야 한다. 돈 못 번다고 잔소리하고 무시하면 가정은 파괴될 수밖에 없다. 부부는 자존심이나 세우고 기 싸움이나 하는 경쟁 관계가 아니라 보완하는 관계다. 이 점만 명심하면 부부 사이 갈등은 대부분 저절로 해결된다. 서로 배려해주고 존중할 때 행복한 가정은 절로 만들어질 것이다.

상담실 문을 나가면서 그분은 내게 이렇게 말했다.

"이렇게 쉽게 되는 걸 미처 몰랐습니다."

• 불길이 꺼지지 않는 사랑을 위해

앞의 사례에서 부부가 관계를 회복할 수 있었던 결정적인 계기는 무엇일까? 바로 서로의 다름을 인정하고, 상대가 못하는 부분을 대신 해주며, 서로의 단점을 인정하고 받아들였다는 점이다. 상담을 온 남편분은 정리 정돈을 잘하고 깔끔한 성격이었지만, 대신 내향적인 경향이 강해 외부 활동은 좋아하지 않았다. 자연스럽게 집에 있는 시간이 아내보다 훨씬 많았고, 그렇다 보니 집안 살림을 훨씬 더 많이 체크하게 되었던 것이다. 반면 아내는 활달하고 외향적인 성격에 사회 활동도 왕성했다. 결혼하고 10년간 한 번도 직장을 쉬지 않고 맞벌이를 했으며, 승진도 남편보다 빨랐다. 대외 활동도 남편보다 많았고, 적극적인 성격 덕에 아는 사람도 많았다. 그리고 그것이 사회생활에 큰 도움을 주었다.

사례자 부부는 각자 다른 천성을 인정하고 각자 잘할 수 있는 부분에 치중하기로 했다. 그러자 각자의 역할이 정해졌고, 서로가 서로에게 고마운 마음을 가질 수 있게 되었다. 서로 마음을 열자 관계가 회복되는 것은 당연했다. 각방을 쓰던 생활에서 다시 한 방을 쓰게 되었고, 대화가 많아지고 사랑의 불길도 다시 타올랐다.

부부는 여러 말이 필요 없다. "어?" 하면 "어~ 어!" 할 수 있는 사이가 바로 부부다. 이런 사이가 되기 위해서는 많은 노력이 필요하다. 남녀가 가깝고도 먼 사이라는 것은 가까워지는 일도, 멀어지는 일도 한순간에 일어나기 때문일 것이다. 꺼지지 않는 사랑의 불길을 위해, 각자 안전거리를 지키는 일이 필요한 이유다.

남자의 동굴을 허락 없이
침범하지 마라

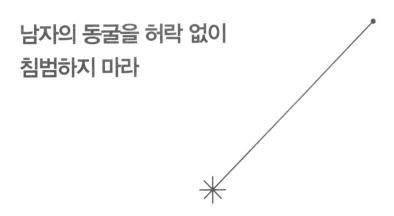

• 지옥 같던 그날의 기억

나에게도 남편과 치열하게 싸우고 헤어질 뻔한 일이 있었다. 아이가 어려 내가 육아에만 전념했던 결혼 5~6년 차 때쯤일 것이다. 남편은 워낙 말수가 적고 말을 잘 하지 않는 성격이다.

어느 날 밤, 동창 모임에 갔던 남편이 술에 잔뜩 취해서 전화를 걸어왔다. 남편의 용건은 술이 너무 취해서 택시도 잡기 힘든 상황이니 차를 가지고 술집으로 태우러 나오라는 것이었다. 아니, 이 늦은 밤에 아이와 잠자리에 누우려 하는 시간에 어느 누가 술 취한 남편을 태우러 간단 말인가? 나는 말도 안 되는 전화를 받고 화가 나서 택시를 잡아타고 오라면서 전화를 확 끊어버렸다. 술에 취해 밤늦게까지 돌아오지 않은 것도 짜증 나는데 본인을 태우러 차를 끌고 나오라고? 이런 말도 안 되는 행동에 화가 잔뜩 났다.

그런데 몇 시간 후 남편은 친구 두 명과 함께 택시를 타고 집으로 들어왔다. 어이가 없었다. 무슨 날벼락인가. 화가 난 나는 밤늦은 시간에 친구까지 데리고 온 것이 도무지 용납되지 않았다. 그래서 억지로 인사만 간단하게 하고 안방으로 들어가버렸다. 헌데 남편은 양주병을 들고 나오더니 다시 술자리를 만들면서 친구들 앞에서 나를 흉보기 시작하는 게 아닌가.

남편은 "내 말도 안 듣고 나를 무시하는 마누라랑 더 이상 살 수 없다"며 이혼하겠다고 큰 소리로 말했다. 남편이 차를 가지고 나오라면 나와야지 전화를 끊어버리느냐고, 이런 여자랑은 같이 살 수 없다면서 당장 이혼할 거라면서 도장을 찍자고 친구들 앞에서 나를 몰아세웠다. 그 시간이 지옥 같았다. 그런데 친구들이 다 돌아가고 나서도 어이없는 일은 계속되었다. 남편은 내 앞에서 거실장 위에 놓인 TV를 내리치기 시작했다. 이제 끝이라면서. 그리고 자는 아이를 깨워서 옷을 주섬주섬 입히더니 아이는 자기가 키워야 한다면서 늦은 시간에 집을 휑 나갔다.

'그래, 이런 남자인 줄 나도 몰랐네.' 말 없는 남편이 그리 무섭긴 처음이었고, 실망한 나도 이젠 끝내자는 마음으로 이혼을 결심하던 하룻밤은 지금도 지옥 같던 기억으로 생생히 남아 있다.

• 사랑 때문에 살고 사랑 때문에 헤어진다
30년이 지난 오늘 생각해본다. 동창회에 나갔나 술 취해서 전화하면 아내가 차를 가지고 당연히 나올 거라고 생각한, 1950년대 후반에 태어난 베이비붐 시대의 남자들이 가진 가부장적 사고방식을 지금이라도 이해해보려고 말이다. 남자들 술 문화에서부터 시작해 남편이 시키는 대로 하는 아내가 '현모양처'이자 이상적인 아내라고 생각하고, 당연히 차를 끌고 나올 거라는 착각으로 술 내기를 했다는 사실. 아내가 나오면 남편을 사랑하는 것이고 안 나오면 사랑이 식은 거라면서 친구들 앞에서 당당하게 헤어지자고 했던 그 호기로움. 그러고는 결국 늦은 밤 아이를 데리고 나가 차로 10분 거리에 있는 시댁의 2층 방으로 올라가 추운 방에서 쪼그려 새우잠을 잔 일까지도 기억에 사라지지 않는다.

다음 날 새벽, 시아버님으로부터 전화가 왔다. 무슨 일이 있었냐고 물으시기에 솔직하게 헤어지기로 마음먹었다고 털어놓았다. 그런데 남편은 새벽 6시에 아이와 함께 집으로 돌아왔다. 아마도 시부모님께서 혼을 내고 설득해서 집으로 돌려보낸 것으로 짐작한다. 그날 아침 술이 깬 남편은 쥐 죽은 듯 빈 방으로 가더니 나오지 않았다.

그 이후로도 며칠간 남편은 내 얼굴을 쳐다보지 못하고 며칠을 보냈다. 그러고는 얼마 후 다시는 그런 일을 만들지 않겠다며 화해의 손을 내밀었다. 당시 남편은 잘 먹지 않던 술을 핑계로 댔다. 내기는 그저 친구들과 장난으로 했던 것이라고 변명했다. 그 화해의 손길을 받아주기까지는 긴 시간이 걸렸지만, 그날의 사건은 내 인생에서 가장 큰 이혼의 위기가 닥친 순간이었다.

• 동굴, 그에겐 어떤 의미였을까

남자는 무엇을 보여주고 싶었을까? 그때를 생각하면 지금도 아찔하다. 남편이 며칠간 몸을 숨긴 작은 빈방을 생각해본다. 남편은 화를 삭이기 위해서도 본가의 2층 방으로 숨어들었지만, 자신의 잘못을 깨닫고 혼자 화해의 손길을 내밀 때까지도 우리 집의 빈방에 몸을 숨겼다. 나는 그 며칠간 남편의 방을 두드리지 않았다. 남편에게 크게 실망한 나머지 결혼을 후회했고, 말을 걸기 싫었던 탓도 있었지만 남편이 혼자 찾아 들어간 곳이니만큼 스스로 나와야 한다고 생각했기 때문이다. 며칠이 지나가도 우선 기다리자는 마음으로 남편에게 시간을 주었다. 이후 남편의 사과를 받아들이고 다시는 그런 일이 없이 살아왔다.

나는 그날 이후 부부싸움 잘하는 방법과 화해 잘하는 방법에 대해 여러 차례 강의를 했다. 내가 당시 궁금했던 점은 '동굴을 찾는 남자의 심리는 무엇인가' 하는 것이었다. 엄마의 자궁 안에서 나온 남자들은 상처받은 일이 있거나 혼자만의 시간이 필요할 때 원초적인 본능으로 동굴을 찾아 들어간 뒤, 마음을 다 풀고 나와야 다시 일상으로 복귀할 수 있다는 말들이 스쳐 갔다.

부부싸움 후의 여자들은 분노의 마음을 친구와 수다를 떨거나 쇼핑을 하거나 맛집을 찾아다니면서 푸는 반면, 남자들은 흔히 컴컴한 동굴로 들어간다. 허전한 마음을 보충하는 방법도 남녀가 이렇듯 서로 다름을 인정하는 것이 1차적인 부부싸움 해결 방법일 수 있다.

남자와 여자는 모든 게 다르다. 생각도 마음도, 분노를 조절하고 문제를 해결하는 방법도 다르다. 그러나 이 같은 다름을 인정할 때 우리는 서로를 훨씬 더 잘 이해할 수 있게 된다.

• 싸움보다 심각한 것은 무관심이다

주변의 부부들이 서로 싸우는 과정을 보면 나는 가끔 이상하다고 생각할 때가 있다. 우리는 분명 '사랑하는 사람'과 연애를 하고 결혼을 한다. 결혼을 하는 이유는 대개 비슷하다. 만남이 지속될수록 헤어지는 것이 아쉽고, 맛있는 음식을 보면 숟가락 위에 얹어주고 싶으며, 힘든 일이 닥쳤을 때 가장 못생긴 얼굴로 울어도 떠나지 않을 '내 사람'을 갖기 위해서다.

결론부터 말하면 '사랑'과 '싸움'은 아무런 상관관계가 없다고 한다. 싸우지 않는 커플이나 부부는 없다. 사랑한다고 해서 싸우지 않는 것은 아니라는 이야기다. 다만 싸우는 방식에 차이가 있을 뿐이다. 나는 싸우는 부부보다 훨씬 위험한 것이 '무관심한 부부'라고 생각한다. 결혼 생활을 지속하게 만드는 가장 중요한 요인은 부부간의 상호작용이다. 싸움은 바로 이런 수많은 상호작용 중 하나다. 무관심 대신 차라리 싸우자.

• 부부, 싸움의 방식을 익혀라

연애가 '협업'이라면, 결혼은 현실이고 '합병'이다. 결혼 후 남녀는 연애 때와는 다른 양상을 보인다. 사람이 바뀌어서가 아니다. 두 사람을 둘러싼 환경이 바뀌었기 때문이다. 각자의 생활이 따로 있는 '독립적 존재'로서 하는 연애와 달리, 결혼은 성장 과정과 욕구가 다를 수밖에 없는 한 남자와 한 여자가 '함께하는 생활'이라는 것이다.

이를 간과한 신혼부부들은 첫 부부싸움 이후 '멘탈 붕괴'에 빠진다. 연애 때처럼 사소한 일로 부정적인 감정을 쏟아내고는 뒤늦게 도망칠 곳이 없다는 것을 깨닫는다. '모래알을 씹는 듯한 침묵의 식사'와 '적과의 동침'을 견디지 못한 상대가 백기를 들 때까지, 길고 긴 냉전이 계속된다. 결혼을 했다면 더 이상 연인이 아니라 부부로서 살아가는 방법을 익혀야 한다. 특히 싸움을 하는 방식은 앞으로의 부부 관계에 큰 영향을 미친다. 따라서 결혼 초기에 싸움을 통해 긍정적 결과를 얻어내는 경험이 중요하다. 이를 위해 부부싸움은 꼭 필요할 때, 일정한 원칙을 가지고 해야 한다. 성과 없는 소모성 싸움은 단순한 화풀이일 뿐이다.

부부싸움을 많이 한다고 고민하지 말자. 싸움을 통해 오히려 상대방을 이해하게 되고, 시로 성숙해지며 부부애가 강화될 수 있다. 단, 아래와 같이 생산적인 부부싸움을 한다면 부부는 더 가까워질 수 있다고 본다.

- 싸울 만한 일로 싸워라. 싸움하기 전 심호흡을 20회 한 후 생산적인 싸움인지 판단하라.
- 자녀가 없는 곳에서 하라.

- 사랑을 나누는 침실에선 절대로 싸움을 금해라.

- 상대방이 다른 스트레스(직장, 시부모 등)가 있는지 확인하라.

- 배고픈 상황에선 싸움을 금하라.

- 폭력, 폭언, 고함지르기는 절대 금물이다. 다시 심호흡을 하라. 상황이 폭력적으로 되어간다면 현장을 피하라.

- 갈등의 축적을 피하고 그때그때 해결하라.

- 별로 중요치 않은 이슈로부터 중요한 것으로 대화를 옮겨가라.

- 바람직한 해결을 전제로 싸워라. 싸움을 위한 시비를 걸기 위한 싸움을 피하라.

- 한 번 싸움에 한 가지 이슈에 대해서 초점을 두고 싸워라. 다른 이슈로 비화하지 말아라.

- 고칠 수 없는 성격, 신체 특징에 대해선 절대 언급을 삼가라.

- 시댁, 처가 이야기는 들먹이지 마라.

- 잔소리를 되풀이하지 말고 화끈하게 한 번의 대화를 나눠라.

- 대화를 가로막지 말고, 듣기 말하기를 공평하게 3~5분씩 정해서 대화하라.

- 확실한 해결점에 도달하도록 대화하라. 일단 합의된 내용은 절대 재론하지 않기로 약속하라.

- 합의된 내용은 서로가 꼭 지켜라.

- 대화 시 "당신은…"으로 시작하는 표현을 피하고, "나는…"의 문장으로 이끌어 가라.

• 차이를 인정하고 기다려주는 것도 중요하다

부부가 서로에게 스트레스를 받지 않고 행복한 관계를 유지하는 방법은 무엇일까? 성역할에 따른 대립과 갈등으로 어려움에 처한 커플이라면 어떻게 하면 좋을지 방향을 찾아야 한다. 변화하는 역할 속에서 남녀가 균형을 찾아 함께 성장하는 방법부터 정서적으로 충만한 관계를 만드는 공감의 기술까지, 일과 사랑, 부부생활 모두에서 복잡하게 얽힌 감정 문제를 해결하고 관계를 개선하는 다양한 방안을 찾아내야 할 것이다.

남자와 여자는 다른 특성을 가지고 있고, 개개인은 모두 다른 역사를 가지고 있다. 또 시대가 점점 복잡하게 변화할수록 연애 관계부터 시작해 부부간의 관계, 또는 성차별 문제까지, 남녀 사이의 문제가 사라지기는커녕 더욱 심화되는 것 같기도 하다.

이렇게 복잡해지는 남녀 관계에 따른 대립과 갈등, 어려움을 해결할 첫 단추는 여자와 남자가 각각 서로의 차이점에 대해 아는 길이라고 생각한다. 또한 남자든 여자든 관계 안에서 새로운 차원의 충만감을 찾으려 하는 것은 같을 것이므로, 각자의 영역을 존중하되 마음을 나누는 관계를 지향해나가야 할 것이다.

사랑하지 않은 채 살기를 원하는 부부는 없을 것이다. 연애 때처럼 서로가 상대에게 소중한 사람이 되기를 희망하고, 또 그렇게 사랑하고 싶어 한다. 물질적 필요만 함께 해결하는 관계로는 부족하다. 역할을 나누는 관계의 한계를 넘어, 높은 차원의 정서적 친밀감과 진정한 자기표현의 욕구를 채워줄 수 있는 관계를 원한다.

그러나 마음을 나누는 관계는 저절로 만들어지는 게 아니다. 먼저 스스로에게 진실해야 하고, 더 큰 사랑을 찾고 싶다는 확신이 있어야 하며, 지난날의 실수를 용서하고 잊으려는 의지도 굳어야 한다. 또 내 행동에서 잘못된 점을 고쳐나가려는 지혜와 함께 배우자의 한계를 수용하려는 이해와 아량도 있어야 한다. 끝으로 마음을 열고 또 여는 용기가 있어야 한다.

서로에게 마음을 열고 이해하는 마음가짐을 찾으려 노력할 때, 사랑도 관심도 함께 올 것이다. 좋은 감정으로 적금을 쌓듯 나눈 대화는 부부 관계에 윤활유 역할을 한다. 하지만 평소 긍정적인 표현에 인색한 사람이 문제가 생겼을 때 대화를 요청하면, 상대방은 이를 선전포고로 받아들일 수 있다. 부정적인 감정이 생기더라도 상대를 비난하는 것만은 피해야 한다.

또 자신의 감정을 제대로 표현하기 위해서는 먼저 자신의 생각이 무엇인지 명확히 인식해야 한다. 이는 부부싸움 후에 분노 조절을 위해서라도 싸움의 시작된 원인 사건 자체를 통제할 것이 아니라, 그 사건에 대한 생각을 조절해야 한다는 뜻이다. 만일 문제가 상대방이 고칠 수 없고 내가 참을 수 있는 부분이라면 싸움을 하지 않는다 해도, 그 반대의 경우라면 문제 제기를 통해 건강한 개선 방법을 찾아야 한다. 서로 다른 환경에서 살다가 만났기에, 힘든 것은 어쩌면 당연하다. 적어도 각자의 동굴만큼은 침범하지 말고 시간을 주고 기다려주자. 그리고 서로 다름을 인정한다면, 더욱 돈독하게 사랑이 리부팅될 것이라 확신한다.

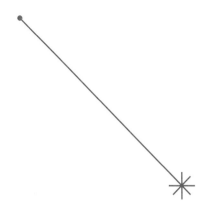

관계를 회복하는
대화가 필요하다

• 남편의 대화 상대 1순위는 우리 집 반려견?

결혼을 하고 나면 부부 사이의 대화가 줄어든다고 한다. 물론 반대의 경우도 있을 것이다. 워낙 말 없는 내 남편도 30년째 나랑 살면서 어쩌다 말문이 터지면 밤새는 줄 모르고 이야기를 할 때가 있으니까.

그래도 요즘 남편이 가장 많은 대화하는 상대는 바로 우리 집 반려견이다. 일부러 말을 만들어내지 않아도 강아지와 함께하는 시간이 많아지면서 남편은 자연스럽게 말수가 많아졌다. 남편은 아침부터 강아지와 산책을 하면서 하루를 시작한다. 강아지와 놀면서 산책하고 운동하는 것으로 아침을 연다.

남편에게 또 다른 대화 상대가 생긴 것을 나는 다행스럽게 생각한다. 말이 워낙 없는 사람인지라 혼자 놔두면 입에 거미줄이라도 칠 것이라 생각했는데, 오히려 요즘은 강아지 이야기로 말이 많아졌다. 아들이 억지로 맡긴 반려견이 행운이 된 셈이다.

하지만 보편적으로 부부간의 대화는 살면 살수록 줄어드는 게 사실이다. 사랑하고 연애하다 하루도 못 보면 못 살 것 같아 결혼했는데, 시간이 흐를수록 많은 부부들은 대화가 줄고 꼭 필요한 이야기 외에는 하지 않게 된다. 이처럼 부부 사이에 말이 줄어드는 이유는 무엇일까?

어떤 이들은 부부끼리 자식 낳고 살면서 할 말 안 할 말 다 해본 사이에서 더 이상 할 말이 뭐가 있겠냐고 농담 섞인 진담을 하기도 한다. 그러나 외국에서 개최된 성 관련 학회의 한 포럼 제목이 '부부가 결혼하면 왜 대화가 줄어드는가?'였던 것에서 알 수 있듯, 부부 사이에 대화가 줄어들면 그와 관련해 자연스럽게 성적인 관계도 줄어들게 마련이다. 그리고 이는 자칫하면 성기능 장애를 유발하거나 만성적으로 악화시키는 결과를 낳게 된다. 부부 사이의 대화가 중요한 이유가 여기에 있다.

• 좋은 커뮤니케이션은 좋은 관계와 동의어다

미국의 유명한 성 치료 전문가인 솔 고든(Sol Gordon)은 좋은 의사소통(Good Communication)은 좋은 관계(Better Relationship)이며 좋은 관계가 있어야 좋은 성생활(Better Sexual Health)이 가능하다고 주장했다. 대화가 잘 통해야 관계도 좋고, 성생활도 원활해진다는 이야기다.

이런 사실을 미리 안다면, 부부가 사이가 틀어지기 전에 노력을 게을리하지 않을 것이다. 그러나 많은 부부들이 관계가 틀어지기도 전에 말문을 닫고, 한번 닫힌 말문은 쉽게 열리지 않는다. 게다가 우리나라 부부의 경우 성적인 대화를 전혀 나누지 않고 평생을 살아가는 부부들도 있다고 한다.

모든 대화의 중심에는 경계선이 없어야 한다. 그런데 하물며, 가장 가까운 행위를 하는 부부 사이에서 성적인 대화를 전혀 하지 않는다니, 무언가 이상해도 한참 이상하다. 우리에게는 성적인 대화가 왜 그렇게도 힘든 것일까?

이에 대해 사람들에게 물어보면 성에 관해 진지하고 성숙한 태도로 얘기해본 적이 없다는 말들을 한다. 또한 남자는 성적으로 여자를 만족시켜야 한다거나, 여자는 수동적으로 느끼는 척만 해야 한다는 등 한국 문화의 전형적인 성역할에 대한 고정관념에 매몰되어 있을 경우 성적인 느낌을 포함하여 남자는 정서적인 표현을 감추어야 한다는 생각이 작용하여 성적인 대화를 가로막기도 한다. 이처럼 성적인 대화는 정숙하지 않다고 생각하는 엄숙주의를 깨지 않는다면, 부부간의 진정한 소통의 장은 열리지 않을 것이다.

• 부부, 폭넓은 대화를 어떻게 시작할 것인가?
나는 성적인 대화를 별로 해본 적 없는 대다수의 부부들에게 다음의 방법을 권한다. 부부 대화의 출발은 여러 방면에서 시작하지만 성적인 대화까지 난이도(?)를 높이고 나면 다른 대화는 자연스럽고 원활하게 되는 경우가 많기 때문이다.

- 신문, 텔레비전, 잡지에 나온 성에 관한 기사들(새 피임법, 에이즈, 동성애)을 이용해서 대화를 시작하라.
- 일반적인 성에 관한 대화에 익숙해지면 자신들의 성에 관해 솔직하게 대화하라.
- 신체 부위의 성적인 기능과 성관계(예: 생리 중 성관계)에 관한 대화로 시작해보라.
- 성에 관한 태도, 가치관, 행위 등에 관한 대화로 발전하도록 하라.
- 성교육지침서, 건전한 동영상을 함께 보며 의견을 교환하라. 그러면서 세상 이야기를 같이 곁들이면 자연스러운 대화가 점점 늘어날 것이다.

성 심리학자이자 호주 웨스턴시드니대학의 교수인 홍성묵 저자가 집필한 《아름다운 사랑과 성》(학지사, 2001), 《Good Sex & Good Life》(HWB, 2005)에 따르면 미국에서는 결혼 후 5년 이내에 45%가 이혼하고, 그 이후 25년에 걸쳐 35%가 이혼하며, 나머지 20%는 죽을 때까지 결혼을 유지하지만 이 중 15%는 이혼하기엔 너무 나이가 들어 그냥 결혼 관계를 유지하는 것이고, 단 5%만이 부부애를 유지하면서 결혼 생활을 한다고 한다. 그리고 호주의 경우 결혼 후 5년 이내 이혼율이 40%이며, 한국의 경우 35%의 이혼율을 보인다고 한다. 또 이혼의 3대 이유로는 '부부(성)관계가 맞지 않아서'가 45%, '대화가 통하지 않아서'가 42%, '부부가 함께하는 시간이 거의 없어서'가 40%로 나타났고 나와있다.

비단 이 책의 내용만이 아니더라도 행복하고 성공적인 부부생활의 가장 기본요소는 일상적인 대화와 성적인 대화를 포함한 부부간의 효율적인 대화이다. 이는 전 세계 어디에서나 마찬가지일 것이다. 문제를 방치하면 갈등의 골이 깊어져 부부싸움이 잦아지고, 결국엔 이혼에까지 이르게 된다. 반면 대화를 통해 서로 의견을 교환하고 정서적인 감정과 사랑을 전달하면, 상대방을 이해하게 되고 자연히 갈등도 해소된다. 그러나 부부간의 효율적인 대화 방법은 가르쳐주는 사람도 없거니와, 저절로 터득되는 것도 아니다.

• 효율적인 의사소통 방법 중 심정 대화의 기술
커플 사이에 효율적이고 만족스런 대화의 기술은 매우 중요하다. 특히 부부는 결혼과 동시에 의식적, 무의식적으로 모든 욕구를 서로 나누게 되며, 그 과정에서 언어적인 접근과 비언어적인 접근으로 서로의 욕구를 채워가게 된다. 이때 필요한 것이 대화의 기술이며, 이는 훈련이 필요한 것이기도 하다.

한국인들은 자신과 가까운 사람에게 자신의 문제를 토로하거나 상의함으로써 삶의 고민을 해결해가는 경우가 많다. 그런데 종종 자신의 속마음을 분명히 전달하기보다는, 말하지 않아도 상대가 미리 자신의 속마음을 알아채고 그에 맞는 행동을 해주기를 기대한다. 즉 자신의 심정을 알아주기를 바라는 것이다.

심정이란 마음을 뜻하는 '심(心)'과 정서를 뜻하는 '정(情)'이 합쳐진 단어로, 정은 마음속에 있으며 마음으로 느껴지는 정서를 말한다. 또한 동시에 친밀한 인간관계에서 느껴지는 정적(正的) 관계성을 뜻하기도 한다. 심정이 통하는 친구라는 표현도 하지 않는가. 즉 좋아하는 마음, 가까운 거리감, 아껴주는 마음을 갖는 것을 말하며, 이러한 마음을 서로 공유하고 있다는 것을 서로 확신할 때 정(情)의 관계가 이루어진다. 그리고 이를 인간관계의 이상적 수준으로 생각한다.

나의 대학원 은사이자 상담전문가로서 신학과 심리학자, 목회자이기도 하신 심수명 교수님이 가르쳐주신 '심정대화법'을 소개한다. 심정대화법은 세 단계를 거친다.

첫째, 상대방이 말하는 메시지가 무엇인지 정확히 듣고 그대로 요약(명료화)한다. 둘째, 상대방이 말하는 심정, 즉 그가 말하지 않아도 듣는 이가 알아서 자기 마음을 알아주기를 바라는 마음으로 이야기한 속 깊은 중심을 말로 표현해준다. 셋째, 상대방의 이야기를 다 들은 후에 느껴진 청자의 감정을 전달하되, 가능한 한 그가 상처받지 않도록 긍정적인 마음(위로와 지지 격려 등)을 전달함으로써 그가 행복과 사랑을 느끼도록 한다. 또 다른 의사소통의 기법으로는 레벨링 테크닉(Levelling Technique)이 있다.

그 방법은 첫째, "당신은"이라는 표현을 절대 삼가고, 항상 "나는"으로 시작하는 것이다. 만일 파트너의 늦은 귀가가 불만이라면 "당신은 늘 늦게 귀가해"라고 말을 꺼내지 말고, "나는 혼자 집에 있으니 늘 외롭다"라고 말한다. 마찬가지로 상대가 집안일을 하는 것을 원한다면 "당신은 집안일이라면 손도 안 대잖아" 대신 "나는 당신이 집안일을 같이 하면 정말 행복해"라고 말하는 것이다.

둘째, 상대방의 의견을 경청하는 것이다. 즉 상대방이 무슨 말을 할 것이라고 미리 짐작하고 건성으로 들으면서 자기가 할 말을 준비하지 않아야 한다. 여기에는 상대방의 말을 자기식으로 해석하지 않는 것도 포함된다. 가장 효율적으로 경청하는 방법은 한눈을 팔지 않고, 눈을 마주 보며 상대방이 말할 때마다 녹음기가 되듯 듣는 것이다.

셋째, 상대방의 의견을 수용하는 것이다. 수용한다는 것의 의미는 상대방의 의견이나 느낌을 부정하고 상대방도 나와 똑같이 느껴야 한다는 생각을 버리는 일이다. 상대방의 의견과 느낌을 있는 그대로 인정하자. 이는 상대방의 의견을 따라간다는 것이 아니라, 비록 내 의견과 다를지라도 상대방의 견해를 인정한다는 뜻이다.

팬데믹 이후 많은 사람들이 이전에는 겪어보지 못한 생활을 해야 했다. 많은 것들이 온라인과 비대면 위주가 되어 만남이나 소통도 힘들었다. 이제는 일상으로 돌아가기 위해 또다시 많은 노력을 해야 할 것이다. 이런 상황에서 불확실한 미래 때문에 많은 이들이 외롭거나 우울하거나, 또는 지루하다고 생각할 수도 있다. 이럴 때일수록 가까운 사이부터 챙기고 보살피고 이해하는 것이 필요하다. 내 주변의 많은 이들이 행복을 찾을 수 있도록 다시 소통하고, 한 번 더 사랑한다고 말하며 사랑을 표현하자. 이것이야말로 또 다른 사랑과 행복을 시작하는 일이 될 것이다.

2부

우리의 성
리부트가 필요하다

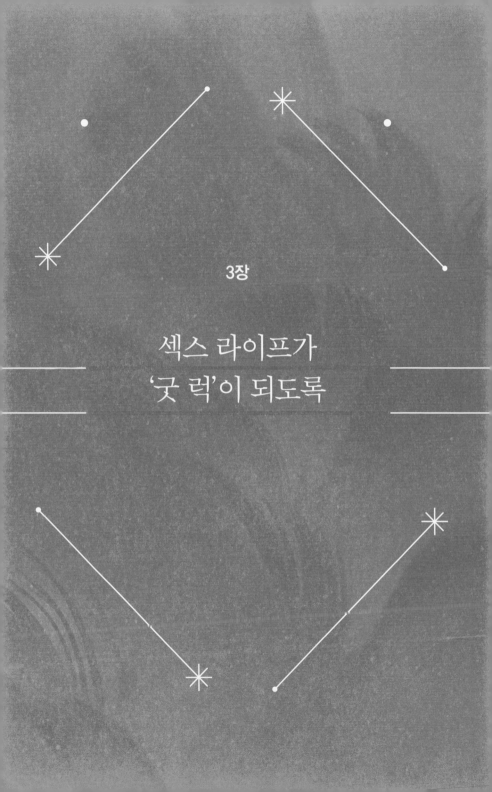

3장

섹스 라이프가
'굿 럭'이 되도록

섹스 리스는
해피니스 리스다

• 2명 중 1명이 섹스 리스 부부라니, 실화인가?

며칠 전 상담해온 부부는 결혼 10년 차라고 했다. 부부 관계는 한 달에 한두 번 할까 말까이고 부부 관계를 하는 것이 재미가 없다고 말한다. '꼭 부부 관계를 하고 살아야만 하나요?'라는 것이 이들의 상담 내용이었다.

섹스 리스 부부가 점점 늘어나고 있다. 한편으로는 그에 대한 해결방법을 찾으려 하지도 않는 경우가 많은데, 그것이 더욱 큰 문제다. 왜일까? 이유는 너무나 다양하고 많겠지만, 어쨌든 그만큼 삶이 팍팍하고 힘들다는 방증일 것이다. 어쩌면 힘든 시기일수록 사랑으로 치유되는 방법도 있을 텐데, 참으로 안타까운 현실이다.

섹스 리스의 정의를 살펴보면, 파트너 사이에 성행위를 하지 않거나 최소한의 성적 접촉만을 갖는 경우를 말한다. 즉 파트너와의 쾌락을 기반으로 한 신체 접촉을 의식적 또는 무의식적으로 회피하는 것을 뜻한다.

심리학자이자 성 치료 전문가인 베커 워너(Racbel Becker Warner) 박사는 섹스 리스를 "성관계를 1년에 10회 이하로 하는 모든 관계"라고 정의했다. 각자 본인들의 상황이 어느 정도인지 점검해보길 바란다.

섹스 리스는 2022년 춘계 대한성학회에서도 뜨거운 논쟁으로 다루었던 문제다. 섹스 리스의 정의를 성관계 횟수로 내려야 하는 제, 아니면 자주 하지 않더라도 질적으로 만족하면 섹스 리스에서 제외해야 하는지 등도 뜨거운 논쟁거리였다. 섹스 리스가 모든 친밀감을 잃는 것을 의미하지는 않기 때문이다.

워너 박사는 "당신이 생각하는 것보다 덜 성관계를 하고 있고, 그래도 괜찮다면 걱정할 것 없다"라고 말한다. 하지만 파트너와의 관계에서 성관계의 빈도가 우려된다면 당황하지 말고 해결책을 찾아야 한다. 섹스 횟수를 얼마나 충족하는지 여부를 파악하는 것 외에도, 당신과 파트너에게, 섹스가 서로에게 어떤 의미인지 생각하는 것도 필요하다. 다른 커플의 경험에 의존하여 '정상적인 횟수'를 정하거나, 당사자가 아닌 어느 누구도 성관계의 유무로 섹스 리스인지 아닌지의 여부를 결정해서는 안 된다.

모든 사람이 다르다. 당신과 당신의 파트너가 매 분기 또는 1년에 한 번만 성관계를 한다 해도, 만족한다면 아무 문제가 없다. 하지만 성적인 욕구를 충족하지 못해 상처를 받는 경우에는 정상적인 관계가 유지되지 않으므로 복원해야 한다는 신호이다.

• 섹스 리스가 되는 이유는?

다양한 이유가 많이 있다고 하지만 다른 형태의 친밀감(접촉, 사랑스런 언어 등)도 부족하다면 당신은 파트너와 단절된 느낌을 받을 것이다. 성기(특히 음경과 삽입)가 관련될 때만 성관계라고 느낀다면, 파트너와 함께 섹스가 무엇을 의미하는지 다시 생각하는 것이 중요하다. 민감하고 개인적인 문제를 논의할 때 당신과 당신의 파트너가 같은 입장을 가지고 있는지 확인하는 것은 중요하다.

호르몬 변화의 결과로 섹스 리스가 되었을 수도 있다. 파트너와의 성관계에 점차 흥미를 잃어버리게 된 것이 발전했을 수도 있다. 또는 당신과 파트너가 서로 다른 시간에 성행위를 원하던 것이 섹스를 완전히 피하게 만들었을 수도 있다. 커플의 섹스가 뜸해졌다가 다시 많아졌다가 하는 것은 당연한 일이지만, 만족스럽지 못한 섹스 리스 기간을 겪고 있는 커플에게는 몸과 마음의 유대 관계에 특정한 패턴이 나타나는 경향이 있다. 예를 들어, 섹스 리스 기간은 질병을 앓고 있는 경우, 신체의 큰 변화를 경험한 경우, 해결되지 않은 갈등이 있는 경우, 높은 수준의 스트레스를 가지고 있는 경우 등에서 나타나는 경향이 있다. 걱정이 많을수록 몸에 더 많은 영향을 미치며, 당신이나 당신의 파트너는 섹스를 원할 만큼 충분히 흥분되거나 흥분되는 느낌을 덜 받게 된 것이다. 폐경(완경기)을 겪고 있거나 지나치리만큼 성에 대하여 기대하는 것도 성관계를 갖는 능력이나 욕구에 영향을 미칠 수 있다.

우리나라 부부들의 성관계 횟수가 전 세계에서 두 번째로 적은 수준이라는 조사가 있다. 밋밋한 사랑을 하는 사람들에게 이렇게 섹스 리스가 늘어나는 다양한 이유와 그에 따른 해결방법을 찾도록 하는 것도 중요하다.

• 섹스 리스 실태 현황

라이나생명의 라이프·헬스 매거진 《헤이데이》가 강동우 성의학 연구소와 공동으로 1,090명의 성인 남녀를 대상으로 성생활 관련 설문조사를 진행한 결과, 기혼자 743명 가운데 성관계가 월 1회 이거나 없다고 응답한 '섹스 리스'는 36.1%에 이르는 것으로 나타났다. 보통 최근 1년간 성관계 횟수가 월 1회 이하이면 섹스 리스로 구분한다. 기혼과 미혼 구분을 없앤 전체 성인 남녀의 섹스 리스 비율은 38.2%였다. 또 연령이 올라갈수록 섹스 리스의 비율도 높아져 50대 이상 기혼자 중 43.9%가 섹스 리스에 해당했다. 결혼 기간별로 보면 11~20년차 부부는 30.7%, 21~30년차는 37.2%, 31년차 이상은 53.9% 등으로 점차 섹스 리스 비율이 높아지는 것으로 나타났다.

강동우 박사는 해외 논문에 발표된 세계 섹스 리스 부부 비율은 20% 수준으로, 이에 견주면 한국은 매우 높으며 일본에 이어 세계 2위에 해당한다고 말했다. 일본의 섹스 리스 비율은 2014년 기준으로 44.6%다. 섹스 리스가 많아지는 가장 큰 원인으로는 부부간의 각방 생활이 꼽혔다. 각방을 사용하는 부부들의 섹스 리스 비율은 64.9%로 같은 방을 쓰는 경우(23.3%)보다 2배 이상 높았다.

또 각방을 사용하는 부부들이 성생활에 불만족스러워하는 비율도 44.3%로 한 방을 사용하는 부부들(13.5%)보다 3배가량 높았다. 결혼 생활에 대한 전반적인 만족도도 섹스 리스 부부들은 10점 만점에 5.8점으로, 성관계를 유지하는 부부들(6.6점)보다 낮은 것으로 나타났다. 이는 부부간의 성생활이 단순한 쾌락을 떠나 인간관계로서 서로에 대한 만족도에도 중요한 요소라는 사실을 보여준다.

• 섹스 리스, 정말 힘들어서 안 하는 것일까?

오래전에 교사 대상의 강의에 간 적이 있다. "부부 관계는 한 달에 몇 번 정도 하시나요?"라는 질문에 모두가 부끄러운 듯 머뭇거린다. 처음엔 말문을 열기 힘들어하더니 교장 선생님이 한 달에 한 번 정도라고 말문을 트자, 너도나도 비슷한 대답이 나왔다. "학교에서 업무에 지치고 집에 가면 집안일에 치이고, 섹스는 생각도 못합니다." "한 달에 1번 정도 할까 말까입니다. 그것도 의무방어전으로요." "머리는 온통 업무 및 일뿐인데 부부 관계 할 시간이 되겠습니까?"

30여 명의 집단에서 10명 이상이 섹스 리스 부부로 산다고 당연한 듯 털어놓았다. 아마도 말하지 못하는 다른 선생님들도 있었으리라. 무엇이 이런 현실을 만들고 있는 것일까? 우리 사회는 여전히 성에 대한 부정석인 사고를 가지고 있고, 최근의 코로나19로 대면 자체를 불편해하게 된 이유도 있을 것이다. 이해가 되지 않는 것은 아니지만, 얼마나 힘들면 부부가 함께하는 시간조차 내지 못한단 말인가? 그것이 섹스 리스의 이유가 될 수는 없을 것이다. 한편 힘들어서 못한다는 것이 무슨 의미인지 질문했다. 그러자 부부 관계에 투여하는 10~20분의 시간도 몸을 움직이는 일이 귀찮다는 대답이 있었다. 섹스다이어트라는 말도 있고, 운동도 그 정도는 해야 할 텐데, 부부들이 섹스를 힘들다고 하는 이유는 몸이 힘들어서가 아니라 재미가 없어서라는 것이 정답이 아닐까? 섹스를 의무방어전으로 하다 보니 재미있을 리가 없다. 서로에 대한 일방적인 봉사로 생각하니, 재미가 없고 힘들기만 한 것이다.

연애 시절, 또는 신혼 시절로 돌아가 보면 신혼 때 관계할 때마다 병에 콩을 넣고 3년 후부터는 할 때마다 콩을 뺀다고 하면, 죽을 때까지도 그 콩을 다 못 뺀다는 웃픈 이야기가 있지 않은가? 신혼이 지나고 나면 그만큼 재미가 없어졌다는 말이 아닌가?

• 섹스 리스를 극복하는 방법

그런데 요즘은 신혼기에조차 그렇게 섹스를 즐기지 않는다고 많은 사람이 말한다. 그 이유는 아마도 섹스에 대해 지나치게 과장되고 왜곡된 정보가 넘쳐 기대 수준이 높아진 데다, 실제로는 노동처럼 느끼기 때문이 아닐까 싶기도 하다. 또한 더 재미있는 오락이나 취미활동이 많아졌기 때문이기도 하다.

아무리 힘들다 해도 섹스는 혼자 하는 일방적인 서비스나 노역이 아니다. 섹스는 그야말로 서로의 사랑을 전달하는 사랑의 표현이자 강력한 확인이면서 즐거운 놀이다. 섹스 리스 부부 중에는 체력이 딸려서 힘들다는 등 여러 가지 이유를 대는 이들이 많다. 그러나 섹스할 때 소모되는 열량은 21칼로리에 불과하다고 한다. 5~6분 걸어 다닐 정도의 칼로리 소비. 섹스를 하면 체력이 소모되는 것이 아니라 성적으로, 또 신체적으로 건강해진다는 관념을 가져보자. 만족스러운 섹스는 혈액순환에도 좋고 숙면을 취하는 데도 더욱 좋다.

섹스는 누가 강요해서 하는 것이 아닌 사랑하는 연인과의 사이에서 일어나는 자연스러운 애정표현이다. 그러나 이런 관계 속에서 운동 효과를 볼 수도 있으니 얼마나 좋은가? 섹스를 하면서 일어나는 물리적 몸의 움직임으로 자신도 모르는 사이에 칼로리를 소모하고, 또 몸에서 일어나는 호르몬의 화학적 반응이 식욕을 떨어뜨린다. 이런 섹스의 물리적 운동 효과에 섹스(Sex)와 운동(Exercise)의 합성어인 '섹서사이즈(Sexercise)'라는 신조어까지 등장할 정도이다. 섹스를 통해 일석이조를 얻는다는 긍정적인 사고의 전환이 섹스 리스를 줄이지 않을까? 이제라도 섹스다이어트에 도전해보자.

말로 하는 대화든, 몸으로 하는 섹스든 잘 안되면 본능적으로 짜증이 나고 폭력적이며 거칠어지게 되어 있다. 이처럼 섹스 리스의 저변에 깔려 있는 여러 가지 이유를 찾아내고 그 원인을 치유하면 된다. 그리기 위해서는 부부가 서로 사랑하고 존중해야 할 것이다. 파트너와 손이 닿는 것만으로도 짜릿하고 좋았던 느낌이 들었던 것을 상상해보라. 사랑하는 연인과 처음 입술을 맞대던 첫 키스의 추억이 좋았다면 자주 할 수 있을 것이다.

커플들은 적극적으로 사랑하지 않으면 직무유기다. 서로에 대한 존중심과 자비심으로 성에 대해 리부트하고, 굿 섹스가 굿 라이프가 되도록 다시 노력해보자.

어떠한 문제를 다룰 때 우리는 내가 그것을 제대로 알고 있는지, 내가 아는 것이 맞는지 모호하게 여겨질 때가 있다. 성에 대해서도 어떤 때는 많이 아는 듯하여 자신만만하다가, 어떤 때는 무지하다는 생각에 기가 죽는다. 다음 문항들은 성 지식을 성 기관의 구조와 기능, 임신과 출산, 성 건강, 성행위, 성적 성향에 관한 5개의 분야로 테스트해볼 수 있는 체크리스트다. 대부분은 상식 수준으로서 이미 확실히 알고 있는 것일 수 있다. 또 추측으로 쉽게 알아맞힐 수도 있다. 그러나 중요한 것은 단순히 맞히는 것이 아니라 이런 문제를 다루어봄으로써 소홀히 생각했던 점들에 대해 생각해보고, 이를 바탕으로 현재와 미래의 성생활을 부드럽고 만족스럽게 마주어가는 일이다.

구분	문 항	O/X 표기
1	남자들은 섹스에 대한 생각만 해도 발기된다.	
2	만족스런 성관계는 두 사람이 모두 오르가슴을 느껴야 한다.	
3	결혼한 사람은 자위행위를 하지 않는다.	
4	임신 중인 여자는 성에 대한 관심이 없고 오르가슴을 느끼지 못한다.	
5	정자는 사정 시에만 방출된다.	
6	남성 호르몬 테스토스테론은 남성에게만 분비된다.	
7	G반점(G-spot)은 여성의 질 안에서 발견된다.	
8	여성은 일생 동안 배란할 난세포를 갖고 태어난다.	
9	여성의 경우 요도와 질구는 다른 통로이다.	
10	여성은 일생 동안 계속하여 난자를 생산해낸다.	
11	남성은 일생 동안 정자를 생산해낸다.	
12	정자나 난자 속에는 23개의 염색체가 있다.	
13	음낭의 온도는 몸의 다른 부위에 비해 약간 높다.	
14	남성의 음경과 여성의 음핵은 유사한 구조 조직이다.	
15	음경은 하나의 음경해면체와 하나의 요도해면체로 구성되어 있다.	
16	여성의 성적 기능은 젖가슴 크기와 직접 관련 있다.	
17	처녀막은 태어날 때부터 모든 여자에게 있다.	
18	월경주기의 중간 부분이 임신 가능 기간이다.	
19	유방이 클수록 임신 가능성이 높다.	
20	한 번의 성교만으로 임신이 가능하다.	
21	임신을 위해서는 여자가 성관계 시 오르가슴을 느껴야 한다.	
22	난자는 배란된 후 24시간 이내에만 정자와의 수정이 가능하다.	
23	콘돔을 사용하면 완벽한 피임을 할 수 있다.	
24	여자는 매달 한 개의 난자를 성숙시켜 배란한다.	
25	인공유산 후에 불임이 될 수 있다.	
26	인공유산은 수술을 받지 않고, 조제 약물로도 가능하다.	
27	1회 사정 시 정자의 수는 수만 개이다.	

28	출산 후 월경이 없는 기간에는 피임을 하지 않아도 된다.	
29	여자에게 있어 배란은 일반적으로 생리하기 직전에 일어난다.	
30	정자의 생존 기간은 대략 48~72시간이다.	
31	키스를 통해서는 성병이 전염되지 않는다.	
32	헤르페스 성병은 항생제로 완치될 수 있다.	
33	임질은 항생제를 먹거나 주사를 맞으면 완치될 수 있다.	
34	흡연은 성기능 장애의 원인이 된다.	
35	자위행위는 일반적으로 건강에 해롭다.	
36	성병에 걸렸던 사람은 불임이 될 수 있다.	
37	비만증은 발기장애의 원인이 될 수 있다.	
38	여성의 오르가슴 장애는 치료되지 않는다.	
39	비아그라는 최근 미국에서 개발한 정력제이다.	
40	성관계 전이나 후에 항생제를 먹으면 성병을 예방할 수 있다.	
41	성관계 후 성기를 비누로 깨끗이 씻으면 성병에 걸리지 않는다.	
42	에이즈의 주요 원인은 동성애에서 비롯된다.	
43	남성은 사춘기 이전에 사정을 할 수 있다.	
44	남성은 여성에 비해 성적 욕구가 강하다.	
45	남성은 완전히 발기해야 사정할 수 있다.	
46	성적 성향은 이성애, 동성애, 양성애의 세 가지다.	
47	개인의 성적인 성향(일례로 동성애 같은)은 치료로 쉽게 바뀔 수 있다.	
48	동성애자는 성도착증의 일종이다.	
49	동성애적 사랑을 한번 해보면 동성애자가 된다.	
50	남자가 동성애자가 되는 원인은 남성호르몬이 부족하기 때문이므로 남성호르몬을 맞으면 치유될 수 있다.	

정답 확인

위 50문항에서 맞는 것은 7, 8, 9, 11, 12, 14, 18, 20, 22, 24, 25, 30, 34, 37, 46뿐이다. 그 외의 문항은 전부 틀린 상식이다.

- 정답을 10개 이하로 맞췄다면 당신의 성 지식은 기초 수준이다. 성교육을 좀 더 받아야 할 것이다.
- 10~20개는 중간 수준이니 좀 더 분발하여 노력을 해야 하는 단계이다.
- 30개 이상 맞혔다면 당신의 기초 성지식은 고급 수준이다. 그래도 더 멋진 사랑을 추구하기 위해 지속적으로 관심을 가지도록 하자.

이 문항들은 독일 베를린의 로베르트 코흐(Robert Koch) 박사가 제시한 문항들과 성 관련 전문서적 및 국내의 연구들, 로베르트 코흐 연구소의 소장이며 성교육 분야의 세계적인 권위자인 해벌(Haeberle) 박사가 제시한 문항들과 성 관련 전문서적 및 국내외 연구들을 참조하여 우리나라 여건에 맞는 문항들을 분야별로 엮어서 만든 것이다.

다시 사랑을
나누자

● 사랑의 면역력은 사랑했던 기억과 추억이다

나는 30세에 결혼했는데, 결혼 초기에는 힘든 생활을 했던 기억이 난다. 31세에 큰아이를 낳았고 34세에 둘째를 낳았다. 둘을 키우며 집에만 있으니 산후우울증부터 별생각이 다 들었고, '결혼을 잘못 했나?' 하는 슬픔 속에서 지내기도 했다. 훌쩍 떠나고 싶어도 떠날 수 없었고, 맘대로 외출도 할 수 없었다. 그렇다고 스트레스를 풀 수 있는 방법도 없었다. 결혼 초 홀로 눈물로 보낸 시간들이 스쳐 간다.

요즘은 늦은 나이가 아니지만 당시만 해도 서른이 넘으면 노처녀로 통했다. 친구들에 비하면 늦게 결혼하여 아이 둘을 낳고 키우면서 직장 생활노 쉬었고, 하고 싶은 일도 하지 못했다. 그 시절엔 결혼을 괜히 했다는 후회도 있었다. 남편은 밖에서 일한다는 이유로 친구들과도 만나고, 하고 싶은 일 다 하면서 놀러다니는 것 같은데, 나 혼자만 집에서 아이들과 씨름하는 날들이 오래될수록 힘이 들었다. 두 아이를 낳아 키우던 초기의 3~4년이 내 삶에서 가장 힘들었던 시기라는 생각도 든다. 한국의 여성들이 모두 결혼하면 겪는 일이라고 하지만, 요즘이라면 혼자 육아를 도맡아 하며 자신을 희생하려 하는 여성이 얼마나 있을까? 저출생 문제가 당연한 현실이 되어버린 이유이기도 할 것이다.

그래도 자상한 남편이 있었기에 버틸 수 있었다. 아이를 돌보는 것과 가사 일도 나누어서 분담했으며 그래도 많이 도와준 덕분에 지금의 내가 있다고 생각한다. 사랑의 힘을 믿었고, 지금도 나를 든든한 반려자로 생각하며 배려하고 존중해주는 남편이 있기에 이제는 사회 활동도 나름 잘하고 있다는 생각이 든다. 우리의 31년을 지탱해준 것이 있다면 아마도 연애 시절부터 함께 해온 기억과 오래된 추억이 만들어낸 면역력일 것이다. 그것이 사랑을 리부팅해주는 활력소라고 생각한다.

• 성, 건강하게 살고 있나?

지금 생각해보면 나는 사랑하는 사람과 많은 세월을 '성 건강(Sexual Health)'하게 살아왔고, 지금도 살고 있다는 사실에 새삼 감사하다. 건강하게 사랑하고 건강하게 성적인 만족을 서로 누릴 수 있는 것이 최고 행복이라고 생각한다.

성 건강하게 사는 삶이란 무엇일까? 넓은 의미로는 만족스러운 성생활과 성 건강을 유지함으로써 파트너와 함께 느껴지는 행복감, 성취감, 자긍심을 포함한 전반적인 웰빙(Well-Being)을 의미한다고 할 수 있다. 그리고 이것이 제대로 되지 않는 커플이나 부부는 삶의 만족도가 매우 떨어지게 마련이다. 그렇다면 성 건강에 부정적인 영향을 주는 요인들은 무엇이 있을까?

성 건강, 특히 정상적인 성기능을 발휘하는 데 부정적인 영향을 미치는 요인은 너무나도 많다. 나는 종갓집에서 자랐는데, 가부장제의 여러 환경이 성에 대한 부정적인 생각을 만들었다. 또 남편에게 적극적이지 않고 소극적이고 수동적인 태도 등도 성을 건강하게 누리지 못한 원인이 되기도 했다. 이에 더해 성에 대한 무지, 성에 대한 지나친 기대, 성관계 시 들킬지도 모른다는 두려움, 성관계 시 너무 큰 소리를 낼지도 모른다는 두려움, 성관계를 제대로 하지 못할지도 모른다는 두려움, 성교행위에 대한 죄책감, 성은 더럽고 지저분하다는 생각, 파트너와의 성적 대화 단절, 파트너에 대한 분노감이나 불만감, 파트너의 폭력 행위, 파트너와 이별하게 될지도 모른다는 두려움, 불확실한 장래에 대한 두려움, 우울증, 자긍심의 결여, 자신이 매력적이지 않다는 생각, 자신의 신체 이미지에 대한 불만감 등이 사람들로 하여금 자연스러운 성관계에 몰두하지 못하게 만드는 요인들이다.

그 외에도 너무 피로할 때, 다른 일에 몰두해 있을 때, 근심이나 걱정이 많을 때, 어린 자녀들에게 시달릴 때, 불임의 문제가 있을 때, 직장에서의 스트레스, 실직의 문제, 임신, 출산에 대한 두려움, 은퇴 또는 노령화에 따른 신체적 기능의 쇠퇴, 지병에 관한 걱정,

가족이나 가까운 친지를 잃었을 때, 보수적인 부모의 영향, 과거의 좋지 못한 성 경험, 과거의 성병 경험, 자신이 성 파트너로 적합하지 않다는 생각 등도 원만하고 건강한 성생활을 해치는 요인이다.

• 성에 대한 긍정적인 태도와 가치관이 필요하다

건강한 성생활을 방해하는 요소는 이토록 많다. 그럼에도 성 건강하게 사랑하며 살기 위한 노력은 반드시 필요하다. 특히 사랑을 리부트하기 위해 가장 필요한 것은 성에 대한 긍정적인 태도와 가치관일 것이다. 왜냐하면 부부나 커플들이 성기능 장애를 일으키는 주요 원인 중의 하나는 개인이 갖고 있는 성에 대한 부정적인 태도 및 가치관과 밀접한 관계가 있기 때문이다. 성을 더럽다고 생각하거나 죄악시하는 태도와 가치관을 갖고 있다면 성을 제대로 즐길 수도 없을뿐더러 성기능 장애를 일으킬 확률도 높고, 치료를 하는 데에도 오랜 기간이 필요하게 된다. 사랑하는 사람과의 성관계는 지극히 아름다운 것이고, 신체적인 건강뿐 아니라 정신적인 건강에도 좋은 치료 효과가 있다는 적극적인 태도와 긍정적인 가치관을 갖는 것이 바람직하다. 그래야만 건강하고 행복한 삶을 살 수 있을 것이다.

• 멋진 성관계가 주는 9가지 섹스 테라피 효과

멋진 성관계는 다음과 같은 9가지 테라피 효과를 가져온다.

여러 가지 통증을 없애준다

성관계를 하면서 특히 오르가슴에 오르게 되면 우리 뇌 속에 엔도르핀이라는 호르몬이 분비되는데, 이 호르몬은 마치 해독이 없는 모르핀(마약성 진통제의 일종)과 같은 역할을 하기 때문에 두통, 요통, 근육통, 생리통, 치통에 이르기까지 여러 가지 통증을 감소시키거나 없애준다. 따라서 멋진 성관계를 하는 것은 통증을 위한 자연치료법이 될 수 있다.

긴장된 근육을 이완시켜준다

성관계를 하는 동안에는 몸 전체 구석구석의 근육을 긴장시켜 운동 효과를 주게 되며, 성관계가 끝나면 그 긴장을 완전히 풀어서 휴식 상태로 돌아가게 해준다. 마치 마사지요법으로 신체의 근육을 이완시켜주는 원리와 마찬가지다.

신진대사를 촉진해준다

성행위는 온몸을 강렬하게 움직여야 하는 운동이기 때문에 혈관을 팽창하게 만들고, 혈액순환을 증가시키는 것은 물론 속도도 빠르게 만든다. 따라서 신진대사가 촉진되어 신체 구석구석에 영양을 보충하고 노폐물을 신속하게 제거하여, 전체적인 건강 상태를 유지하는 데 큰 도움을 준다.

피부가 고와지고 윤기가 흐르게 된다

적어도 일주일에 한 번 정기적인 성관계를 유지하게 되면, 특히 여성의 경우 에스트로겐이라는 여성호르몬의 분비를 증가시켜 피부를 젊고 건강하게 유지하는 데 큰 도움이 된다. 또 에스트로겐은 뼈를 튼튼하게 만들어주는 기능이 있어 골절의 위험을 줄인다.

여성의 경우 월경주기를 확실하게 만들어준다

성관계를 정기적으로 하게 되면 월경주기가 확실하게 고정되고, 따라서 배란기도 정확하게 예측할 수 있어 임신 조절을 통제하는 데 도움을 준다.

여성의 경우, 질 내 건강을 유지해준다

특히 폐경 후 성관계를 정기적으로 하지 않으면 여성의 질 내부 피부조직과 근육이 약화되어 세균감염은 물론 질 내부의 모양이 쭈그러드는 현상이 나타난다. 따라서 정기적인 성관계 유지는 질 내 건강과 탄력성 유지에 큰 도움이 된다.

남성의 경우 전립선의 건강을 유지해준다

성관계 시의 사정은 전립선 기능과 역할을 건강하게 유지시켜준다. 대부분 남성의 경우 나이가 들면 불편하게 소변을 보게 되는데, 성생활을 계속 유지해온 남성은 이러한 증상을 피할 수 있다.

남성의 경우 성기의 기능을 계속해서 보존할 수 있다

특히 50대 이후, 성관계의 빈도수를 줄이게 되면 성기의 발기력이 점차 쇠퇴되어 완전 발기불능 상태까지 발전할 수도 있다. 남성의 힘을 잃지 않으려면 계속해서 정기적인 성관계를 유지하는 것이 좋다.

자긍심을 높여주고 정신 건강을 유지해준다

파트너와의 아름다운 성관계는 따뜻한 사랑을 주고받는다는 진한 감정을 갖게 해준다. 따라서 긴장이나 고독감, 불안증이나 우울증을 말끔히 해소하고 자신감과 행복감을 느끼게 해준다. 이는 결과적으로 자신을 긍정적으로 받아들이고 자긍심을 높여주기 때문에 개인적 또는 사회적으로 바람직한 정신 건강을 유지하는 데 가장 기본이 된다.

• 사랑이 어우러진 섹스는 젊음을 준다

일주일에 적어도 3번 성관계를 갖는 부부들은 2번 관계를 갖는 부부들에 비해 10년 정도 더 젊어 보인다. 성관계로부터 얻는 즐거움은 젊음을 보존하는 데 가장 중요한 요소라는 연구 결과가 발표되었다. 영국의 왕립 에든버러 병원에 근무하는 심리학자 데이비드 위크스(David Weeks) 박사는 영국과 미국, 서유럽 지역에 거주하는 3,500여 명의 피험자를 대상으로 1988년부터 10년에 걸쳐 연구해왔다. 그는 1999년 《뉴사이언티스트(New Scientist)》라는 잡지에 "당신은 당신의 나이에 비해 젊어 보이고, 실제로 그러한 젊음을 느끼며 생활한다고 생각하십니까?"라는 광고를 내어 이에 응답한 18~100세의 성인들을 대상을 조사했다. 그 결과 '유전적인 요인(Genetic Factor)'으로 젊어 보이는 사람이 25%이며, 나머지 75%는 '행동적인 요인(Behavioral Factor)'에 의해 젊어 보이고 또 젊음을 유지한다는 것이 판명되었다. 행동적인 요인이란 신체적, 정신적 운동을 포함한 왕성한 성 활동을 의미한다. 이러한 성 활동은 인체 내에 화학물질(엔도르핀)의 분비를 촉진해 일상생활의 모든 면에서 행복감을 갖게 만든다. 실제로 50세를 넘긴 나이에도 불구하고 30~40대로 보이는 사람들 가운데는 아직도 왕성하고 건강한 성생활을 정기적으로 유지하는 것이 비결인 사람들이 많다.

위크스 박사는 또한 자신의 나이보다 젊어 보이는 피험자들은 자기중심적이 아니고 다른 사람의 복지에 더 많은 관심을 갖고 있으며, 생활 전반에 자신감이 있고 교육 수준이 일반적으로 높은 사람들이라고 했다. 그러나 많은 파트너와의 무질서한 성관계, 또는 사랑이 결여된 성관계는 위에 기술한 내용의 긍정적인 효과가 없다는 것도 경고했다. 사랑을 바탕으로 이루어진 장기적인 결속 관계 그리고 그러한 관계 속에서의 진하고 아름다운 성 활동을 정기적으로 유지할 때 긍정적인 효과를 얻을 수 있다는 것이다. 이어서 젊음을 유지하는 사람들은 대부분 건강하고 화목한 부부 관계를 갖고 있으며, 따라서 파트너를 진정으로 사랑하고, 때로는 서로 존경심마저 갖고 있다고 했다.

위크스 박사의 연구 결과는 결국 성관계의 질적인 요소가 젊음을 유지하는 데 가장 중요하다는 것이다. 젊음을 유지하고 싶다면 파트너와 사랑이 어우러진 섹스를 지속적으로 해나가는 일이 중요함을 알 수 있다.

• 성적으로 건강한 사람의 특징

여러 연구논문을 통해 성적으로 건강한 사람의 특징을 정리하면 다음과 같다.

- 자신의 신체와 생김새에 대해서 긍정적으로 생각한다.
- 성에 관한 정보를 필요할 때마다 주저하지 않고 추구한다.
- 대인관계를 할 때 남녀를 구분하지 않고 똑같이 존중한다.
- 자신의 성 성향에 대해서 자신감을 가지며, 다른 사람의 성 성향도 존중한다.
- 사랑과 친밀한 감정을 적절하게 표현한다.
- 외롭지 않게 친밀한 관계를 손쉽게 만들고 잘 유지해나간다.
- 확고한 결혼관을 갖고 있다.
- 가족, 친구, 사랑하는 사람과 효율적인 의사소통을 한다.
- 일생 동안 자신의 성을 바람직한 방향으로 즐기고 표현한다.
- 자신의 가치관과 일치하는 성에 대한 태도와 가치관을 갖고 있다.
- 삶에 도움을 주는 성행위와 자신이나 타인에게 해로움을 주

는 성행위를 구분할 줄 안다.

- 다른 사람들의 권리를 존중해주면서 자신의 성을 자유롭게 표현한다.
- 원치 않는 임신을 피하기 위해 피임을 효율적으로 행한다.
- 에이즈를 포함하여 성병에 감염되지 않도록 책임 있게 행동한다.
- 정기적으로 의학적인 진단과 신체검사를 행한다.
- 가족, 문화, 종교, 대중매체, 사회적인 규범이 자신의 사상, 느낌, 가치관 그리고 성과 관련된 행동에 어떤 영향을 주는지 객관적으로 판단한다.
- 모든 사람이 성에 대한 올바른 지식과 정보를 알 권리가 있다는 데 동조한다.
- 다른 사람들이 갖고 있는 성에 대한 가치관이나 생활 방식에 대해서 편견을 갖지 않는다.

만약에 사랑을 재부팅하고 싶거나 새롭고 아름다운 사랑을 꿈꾸고 있다면 모든 것은 합의와 동의하에 이루어져야 할 것이다. 그리하여 다시 사랑의 불을 붙여보는 것도 괜찮은 방법이다. 굿 섹스가 좋은 삶의 요소가 되는 것은 당연하다. 또한 이는 행복한 삶으로 이어지는 징검다리가 될 것이다.

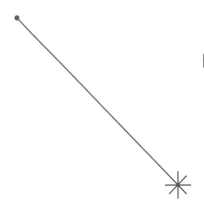

성적 커뮤니케이션,
테크닉이 중요할까?

• "교수님! 성관계의 적정한 시간을 알고 싶어요"

'성과 인간관계' 수업을 하면서 젊은 청년들과 불꽃 튀는 토론과 논쟁을 하던 중, 한 학생이 손을 번쩍 들고 질문한 내용이다. 휴먼 섹슈얼리티에 관해 다루는 이 수업을 시작한 지는 몇 주밖에 되지 않았을 시기였지만, 학생의 질문에 모두의 눈빛이 진지하게 반짝반짝 빛났다.

학생들은 이성과의 사랑, 연애, 멋진 섹스에 관심이 많다. 따라서 모두가 수업 시간만큼은 꽤나 적극적이다. 당시 이 수업은 수강생이 수강 인원을 초과해 강의실이 꽉 찼지만, 나는 학생 각각의 개별적인 관심과 의견에 맞추려 노력했다. 성적인 고민이나 관심 분야에 가능하면 최대한 접근하기 위해, 수업 시간에는 강의실의 전원이 함께 논의하고 의견을 나누곤 했다. 특히 중점을 둔 부분은 젊은 친구들과 성에 대한 태도와 행동, 인식의 차이를 좁히려 한

점이다. 나는 질문을 한 학생에게 본인의 생각은 어떤지 먼저 물어보았다. 그 학생은 각자 개인 차이가 있는 것 같다고 대답했다. 보통 성인들의 성행위 시간은 2/3가량이 5분 정도이고, 나머지는 10분에서 20분 미만이라고 한다. 한 통계 자료에 따르면 인간이 성행위에 소모하는 시간은 전 생애 중 15~18일 정도이고, 이 중에서도 절정감을 느끼는 시간은 불과 15~18시간에 지나지 않는다고 한다.

이때 성행위 시간이란 애무 단계부터 시작해서 사정하고 후회까지 10분에서 20분 정도를 다 포함한다. 물론 손잡고 애무하고 삽입하고 사정하는 전 시간을 이야기하는 것은 아니다. 삽입해서 사정하는 시간을 말한다면 미국의 펜실베이니아 주립대 에릭 코니 연구팀에 따르면 적절한 혹은 최상의 섹스 시간은 약 7~13분이라고 한다. 성 전문가라 할 수 있는 성 치료사들에게 질문한 결과라는데, 두 남녀가 성적인 만족을 얻기까지 달걀을 삶는 데 필요한 시간보다 더 오래 할 필요가 없다는 것이다.

남자들이 예민해 하는 조루와 지루는 사정시간과 관련이 있다. 빨리 사정하는 조루에 대해서는 주사 요법, 먹는 약, 바르는 약, 수술에 이르기까지 많은 치료법이 개발되어 있다. 그러나 사정이 잘 안 되는 지루는 치료법이 없는데, 아마 오래 하면 잘한다고 생각하거나 정력이 세다고 잘못 알려져 있기 때문일 것이다. 그러나 정작 여성들은 조루보다 지루인 경우를 더 괴로워한다는 것을 남성들은 아는지 모르겠다. 여자들이 섹스 시간이 긴 것을 좋아한다는 것은 삽입 시간을 말하는 것이 아니라 애무 시간이 긴 것을 좋아한다는 것이다. 파트너로부터 사랑한다는 충분한 표현과 애무, 키스, 속삭임을 통해 충분히 주고받는 시간을 의미하는 것이다. 이를 남자들이 참고한다면 파트너를 만족시키는 방법을 잘 안다는 자신감으로 만족스러운 섹스 시간을 적절히 조절할 것이고, 파트너와의 사랑과 행복은 더욱 극대화될 것이다.

• 쾌감의 기쁨으로 나누는 최고의 사랑

지금까지 많은 사람들은 식욕의 중요성에 비하여 성욕의 중요성을 좀처럼 인정하지 않았다. 또 여러 방면으로 인간의 성욕을 더러운 것으로 간주하여 거부한 결과, 성욕은 비정상적인 통로로 배출되거나 과도하게 억압된 성적 욕구가 종교적 광신이나 테러리즘, 사디즘적 배타주의 같은 형태로 대리 표출되기도 했다. 그런가 하면 많은 현대인을 괴롭히고 있는 각종 노이로제, 우울증, 신경성 질환들은 성욕의 충족이 제대로 이루어지지 않기 때문에 생겨난 '심리적 도피 현상'으로도 볼 수 있다.

성욕은 식욕보다 더 중요하고, 우리의 인생을 지배하는 근원적인 생명력이라고도 한다. 그러므로 자기 인생을 위해 자신의 성과 상대의 성을 제대로 이해하고 알아가려는 노력을 해야 행복한 삶을 영위할 수 있을 것이다. 서로의 행복을 위해 민감한 성감대를 찾아주고 몸으로 하는 대화인 성적 커뮤니케이션에 공을 들일 때, 상대를 향해 몸과 마음이 둘 다 열릴 수 있기 때문이다.

신은 우리에게 서로 사랑하고 애무하면서 즐기라고 최고의 성적 쾌감을 선물로 주었다고 한다. 그것은 성행위 시간이나 어떤 체위가 아니라 둘이 만족하고 둘이 함께 온전한 쾌감의 기쁨을 나누는 것이며, 그것을 바탕으로 더욱 아름답고 멋진 사랑을 이루어나가는 것이라 하겠다.

• 멀티 오르가슴, 누구나 가능하다

사랑으로 결혼에 골인했지만, 부부 관계를 지속적으로 유지하고 살면서 서로에게 만족과 행복을 주기는 결코 쉬운 일이 아니다. 부부란 늘 서로에게 노력하고 배려하며 성적 커뮤니케이션이 잘 이루어져야 한다는 것쯤은 모두 잘 알고 있다. 하지만 성적 커뮤니케이션에도 기술이 필요하다.

며칠 전 남편 동창 모임에서 한 지인이 사정을 할 때마다 자유롭게 조절하고, 몇 번에 나누어가며 부부 관계를 한다고 자랑했다. 그 말을 들은 그 자리의 남성들은 그게 정말이냐고 물으면서 사정할 때 조절할 수 있다면 그런 기술을 배우고 싶다고 하나같이 관심을 보였다. 그 얘기를 듣던 나는 속으로 '그게 그렇게 부러운 일인가?' 싶었지만, 딱히 부정할 이유도 떠오르지 않았다.

이 지인처럼 한 번의 성행위에서 여러 번 오르가슴을 느끼는 멀티 오르가슴을 만들어내는 기술은 많은 이들에게 부러움의 대상이다. 그만큼 그렇게 즐기는 부부나 커플이 많지 않다는 얘기다. 하지만 각자 조금만 노력하고, 치골미골근 운동인 케겔 운동만 지속적으로 훈련해도 가능한 방법이기도 하다.

하루아침에 여성을 만족시키고 스스로도 만족하는 방법을 찾기란 쉽지 않다. 본인과 파트너 모두가 만족스러운 성생활을 위해서는 단계별 성 테크닉 개발을 위한 노력과 학습이 필요하다. 사정을 끊어서 여러 번에 나누어 할 수 있는 기술 역시 훈련한다면 어렵지 않다. 여러 가지 사랑의 테크닉은 누구나 익히고 노력하면 도달할 수 있는 것이다. 세상에 공짜는 없다. 노력 없이 되는 것은 없다는 얘기다. 성적 테크닉과 사랑의 기술도 차근차근 배우고 따라가면 '내 마음대로 사랑의 속도와 강약을 조절하는' 섹스의 달인이 될 수 있다는 것을 명심하자.

• 성 행동에 정성을 들이면 행복도 따라온다

부부란 서로가 정성 들인 만큼 행복해진다. 요즘 사회 분위기는 행복한 일보다 힘들다는 한숨 소리가 주변에서 더 많이 들리는 듯해 안타깝다. 하지만 이런 때일수록 우선 가장 가깝고 사랑하는 파트너와 정성 들여 행복을 만들면서 살아가면 어떨까? 그래야 마음이라도 위로받으며 힘든 세상을 버텨나갈 수 있지 않을까?

이 세상에서 가장 가깝고도 먼 사이가 부부이고, 촌수를 헤아리기 어려워 무촌이라고 부르는 관계가 바로 부부이다. 혈연으로 맺어지지 않은 남남이지만, 촌수를 헤아리기 힘들 정도로 밀접한 관계라는 이야기다. 남남이 짝을 지어 누구보다도 가깝게 하나가 되기 위해 노력하며 사는 것이 부부인 것이다. 그렇다면 행복한 부부는 어떤 부부일까? 서로의 부족함을 보완해주고 상대를 서로 가장 가깝게 만들어주는 성관계가 원활한 부부, 한쪽이 원하면 다른 쪽이 화답하고 한쪽이 불만족스러우면 다른 쪽이 그 불만을 해결해주기 위해 노력하는 부부가 성적으로 행복한 부부일 것이다.

또한 성관계에서 남녀가 신체적으로 일체가 되는 행위야말로 부부를 더욱 행복하고 즐겁게 만드는 중요한 요소이다. 대개의 부부에게 한 번의 성관계 시 몇 가지의 체위를 하느냐고 질문하면 대부분 한두 가지 체위가 고작이라고 답한다. 다양한 체위가 많지만 어떤 형태가 가장 이상적이라고 말할 수는 없다. 하지만 체위와 시간을 포함해 부부를 가장 가깝게 만들어주는 성행위를 정성 들여 만들어간다면 금상첨화가 아닐까? 물론 성행위의 지속 시간이 절대적으로 중요한 것은 아니다. 무조건 다양한 체위를 많이 바꾸어가며 하는 것도 누구에게나 권장할 일은 아니다. 다만 서로 사랑이 담긴 부부 관계를 위한 노력은 그 자체로 중요하다. 우리 부부는 얼마나 정성을 들이고 애를 쓰고 있는지 생각해보고, 최선을 다해 몸으로 하는 대화에 정성을 들여 보자.

• 성관계는 최고의 사랑 행위

만족스럽고 행복한 부부 관계를 꿈꾼다면 파트너와 함께 성적 취향에 관심을 가지고 배우면서 노력해야 한다. 그러기 위해서는 시간을 투자하고 대화를 나누고 다양한 체위를 비롯해 성적인 실험도 해보아야 할 것이다. 그리고 그런 과정에서 시행착오가 생기는 것은 당연하다.

그냥 관성적으로 용기가 없어서 파트너가 하자는 대로 끌려가지는 않는지, 자신이 좋아하는 체위가 무엇인지 주체적으로 선택하는지 생각해보자. 어느 것이 좋고 나쁘고를 떠나서 적어도 자신의 선택이 스스로에게 행복을 가져다주어야 하지 않을까?

부부의 인연을 맺은 수많은 사람들은 부부 관계를 하면서 행복해야 하고, 그 행복의 크기는 하나에 하나를 보태서 나오는 둘이 아니라, 그를 넘어 셋도 되고 넷도 되어야 한다. 힘든 시기일수록 행복한 부부 관계를 만들어낼 수 있는 상승효과, 성행동에서도 시너지 효과를 만들어낼 수 있는 방법이 많다. 그런데도 행복을 찾으려 노력하지 않는 것이 가장 문제이다. 잊지 말아야 할 것은 한 마음으로 둘이 함께한다는 것이다. 그리고 남성, 여성의 역할에 관계없이 자연스럽고 인간적인 차원에서 최대한 즐기고 만족하려는 태도일 것이다.

진정한 성이란 이기적이지 않고, 서로 아껴주는 마음과 깊은 이해를 통해 실현할 수 있는 최고의 사랑 행위이다. 또한 자연스러운 자기의 표현이자, 인간 생활에 있어 필수적인 활력소이다. 성에 대해서 이렇게 긍정적인 태도와 가치관을 갖고 건강한 성을 유지해가면 행복한 부부 관계와 화목한 가정은 저절로 만들어질 것이다.

• 서로의 어릴 적 내면 아이를 이해할수록 좋다

부부는 서로 다른 환경에서 살아왔기에 서로 많은 오해가 빚어질 수 있다. 이를 잘 푸는 것이 부부 사이의 관건이다. 이는 성적 관계에도 적용되는데, 성적인 커뮤니케이션도 매우 중요하다는 뜻이다.

살다 보면 많은 일들이 생각지도 않은 곳에서 꼬이는 경우가 많다. 사랑하는 커플이나 부부 사이에도 본의 아니게 오해가 생기고, 그 오해가 싹을 틔워 다른 영역에까지 얽히고설키는 일들이 너무나 많이 일어난다. 이때 서로가 꼬인 실타래를 풀지 않고 방치하다 보면 모르는 사이에 쌓였다가 분노로 폭발해, 자칫 큰 싸움이 될수도 있다. 꼬인 부분을 풀지 않고 대화도 되지 않는 관계가 지속되면 결국엔 가정과 바깥일이 모두 잘 풀리지 않아 가슴앓이를 하며 살게 되는 경우도 있다.

한편 어릴 적 치료받지 못한 부정적인 경험이나 상처들, 주변 환경에서 쌓인 모든 것들이 현실에 적용되어 문제가 생기는 경우가 많다. 이른바 '내면의 아이', 즉 해결되지 않은 무의식이 문제 행동이나 상호 의존성, 공격적 행동, 자기애적 성격장애 등을 만들어낼 수 있다는 것이다. 이렇게 내면 깊숙이 풀리지 않은 사연들이 현재의 삶에 적용된다면 어떻게 풀어내야 할까?

치유의 시작은 어릴 적 아이였을 때 제대로 채워지지 못한 욕구들을 슬퍼하고, 무엇으로부터 꼬이게 되었는지, 그 수수께끼를 풀어보려는 노력에서 비롯될 수 있다. 뿐만 아니라 여러 가지 다양한 방법과 전문가의 조언 등으로 풀어낼 수 있다. 그런데도 참고 사는 사람들이 너무나 많다.

그렇다면 애초부터 꼬인 실타래를 어떻게 잘 풀 수 있을까? 커플 간에는 서로가 서로에게 향하는 멋진 사랑이 도파민을 생성하여 마음을 너그럽게 만들어주고, 서로 꼬인 실타래를 풀어주는 역할을 할 수 있다. 커플 간 성적 커뮤니케이션에 있어서도 성적인 여러 가지 요인들을 맞추어가야 한다. 어릴 적 성에 대한 첫 느낌이 어땠는지도 중요하다. 만약 부정적으로 꼬인 실타래가 있다면 잘 풀어내야만 인생도 꼬이지 않는다. 여기 성적인 문제로 인해 부부간의 사이가 꼬인 상담사례를 몇 가지 소개한다. 이를 통해 꼬인 성 문제를 풀어가보자.

남편이 거친 언어를 사용합니다

남편과 성생활에 큰 불만은 없었는데 최근 들어 신경 쓰이는 것이 생겼어요. 바로 관계 시 남편이 내뱉는 말들 때문이죠. '자기를 가지고 놀고 싶다'와 같은 말은 애교 수준이고, 입에 담을 수 없을 만큼 천박한 말들을 하기 시작하더라고요. 연애할 때는 분명 하지 않았던 말들인데, 결혼 후 관계를 갖고부터는 점점 그 강도가 심해지니 당황스러워요. 남편에게 그런 말을 하지 않았으면 좋겠다고 했더니 기분이 상했는지 오히려 화를 내더라고요. 남편과의 성생활을 위해서 제가 그냥 참아야만 하는 걸까요?

남편이 화를 냈다면 분명 이유가 있을 수 있다. 그렇게 했을 때 성적인 만족감이 더욱 커진다면 다시 한번 자세한 이야기를 서로 나누어보자. 욕이나 거친 언어가 남편에게 가장 강력한 자극제가 된다면 어떻게 해야 할까? 중요한 것은 성적인 면에서 부부가 일치하는 것이다. 그러기 위해서는 성관계에서 남자와 여자의 반응이나 차이도 이해해야 하며, 서로가 성적으로 편견이나 잘못된 지식을 가지고 있는지 생각해보고, 극복하려는 노력도 필요하다. 남편의 입장에서도 아내가 원하지 않는 폭력적인 언어를 일방적으로 강요하는 것은 금물이다.

또 성관계에 있어 서로의 지식이나 쾌감, 불쾌감 등에 대해서도 대화를 통해 개선해야 한다. 이 경우 남편이 성적 언어를 막말과 욕으로 풀어낸다면 내면 깊숙한 곳에 어릴 적 풀리지 않은 사연무언가가 있어, 그것이 표출된 것일 수도 있다. 아니면 어떤 상황에서 그러한 것이 마음에 통쾌함을 줄 수 있는 기억으로 남아 있었는지, 내적인 곳에 고여 있는 이유를 찾아내야 할 것이다. 개별적으로 심리상담가나 성 전문가와 상담하여 도움을 받아도 된다.

출산 후 성욕이 사라졌어요

아이가 어느덧 21개월인데 출산 후 남편과 단 한 번도 관계를 하지 않았어요. 사실 출산 후 성욕이 사라져서 남편이 하자고 해도 제가 계속 거부했거든요. 여전히 남편을 사랑하고 가벼운 스킨십은 하지만 막상 본 게임(?)에 들어가려고 하면 집중이 안 되고, 하기 싫어지더라고요. 남편도 이제 슬슬 지쳐가는지 더 이상

제게 하자는 말도 하지 않는데, 그건 또 나름대로 서운하고요. 저도 제가 어쩌고 싶은지 잘 모르겠어요. 저는 어떻게 해야 하나요?

출산과 육아, 산후조리 이후 성욕이 떨어지는 것은 당연하다. 여러 가지 이유가 있을 수 있다는 것도 남편이 알고 있지만, 남자들이 깊이 이해하기는 어려울 수 있다. 그래도 서로가 배려하면서 여성의 성적인 변화와 현재의 상황을 서로 진지하게 짚어보는 것도 방법이다. 서로 이해하기만 한다면 육아를 나누어 하면서 합의점을 찾아볼 수도 있다. 아이로 인해 집중도가 떨어진다면 방법을 달리할 수도 있다. 예를 들어 아이를 잠시 맡기고 둘만 떠나 신혼기처럼 추억의 호텔에서 이벤트를 하는 등 신혼 초의 단꿈을 다시 살려보는 것도 좋을 것이다.

과도한 업무로 인해 집에 오면 잠만 자기 바쁜 남편

결혼 전에도 원래 바쁜 사람이긴 했어요. 하지만 결혼과 동시에 승진하면서 일이 점점 더 많아지더니 거의 매일 야근을 하더라고요. 그래서 그런지 결혼 1년도 되지 않았는데, 부부 사이는 참 시들해요. 신혼부부는 눈만 마주치면 거사가 시작되고 하루 3번 상을 물린다고 들었는데, 저희 부부에게는 해당되지 않더군요. 집에 오면 잠자기 바쁜 남편은 제게 하자는 말도 하지 않아요. 그냥 자면 또 몰라. 피곤하다면서 제 가슴 만지면서 자고(이게 솔직히 더 고역이에요), 깨어 있으면 가벼운 스킨십도 자주 하지만 막상 직접적인 삽입은 하지 않더라고요. 10번 중 8번은 제가 하자고 해야 하는 것 같아요. 이제는 피곤하다는 말도 핑계 같고, 나를 별로 안 좋아하나, 아니면 속궁합이 안 좋나 고민이에요. 어떻게 해야 하죠?

남성들의 성적인 욕구가 가장 왕성할 때는 신혼기이다. 하지만 신혼의 꿈도 각자 개인차가 크다. 다만 1년도 안 되어 업무라는 이유로 관계를 회피한다는 것은 정말 직장에서 과도한 스트레스를 받으며 과중한 업무를 하기에 그럴 수도 있다.

부부 관계도 건강해야 가능하다. 성관계는 전신을 모두 활용해야 하는 전신운동이라는 점에서 완전히 '새마을운동' 같다는 말도 있다. 그만큼 마음과 몸이 따라주지 않는다면 할 수 없는 것이 부부 관계이다. 그러므로 직장 일을 줄이는 방법이나 스트레스를 풀 수 있는 대안을 함께 찾아보고, 부인의 고민을 함께 나누면서 해결점을 찾아보기 바란다. 이유가 과연 직장 업무 때문인지, 아니면 또 다른 이유가 있는 것인지도 점검하고, 남편의 직장이라는 환경을 이해하고 서로 조율해보면 분명 그 노력 속에서 방법을 찾을 수 있을 것이며 그 멋진 사랑의 노력이 행복한 신혼을 연장시킬 것이다.

늘 같은 패턴의 섹스가 지루해요

결혼 10년 차입니다. 섹스 리스 부부가 많은 요즘 시대에 저희 부부는 나름 정기적으로 관계를 가지는 편입니다. 하지만 거의 10년째 똑같은 패턴 때문에 지겨워지기 시작했어요. 정직한 성격의 남편은 잠자리를 할 때도 어찌나 정직한지, 체위도 꼭 하는 것만 하고, 애무도 자기가 정한 순서대로만 해요. 변화를 주지 않는다고 할까. 조금은 색다른 것을 하고 싶은데, 이런 말을 하면 저를 좀 이상하게 생각할까 봐 선뜻 말도 못하겠어요. 섹스 패턴을 바꾸기 위해서는 어떻게 해야 하나요?

이런 상담이 최근 많아지고 있다. 길들여진 체위나 행위가 가장 편할 수 있기 때문에, 충분히 이해가 가며 이런 부부들이 의외로 많은 것도 사실이다. 서로 섹스 커뮤니케이션이 자연스럽도록 많은 대화를 시도하는 것이 우선이지만, 대화가 안 될 경우라면 전문가의 도움을 받아보는 것도 좋다. 대화로 함께 원하는 패턴의 섹스 체위를 말해보고, 합의를 통해 서로 체위를 바꾸어가면서 관계하는 부부가 있다는 것을 알려주고 함께 다양한 체위와 방법을 선택해 서서히 노력해보는 방법도 있다. 내가 원하는 색다른 것은 어떤 방법이라고 구체적으로 이야기하고, 함께 분위기를 바꾸어낼 수 있는 소통이 우선되어야 하겠다.

부부 성관계를 위한 《The Better Sex》(커플을 위해 교육용으로 승인된 200가지 섹스 체위 동영상) 등 다양한 교육용 비디오를 함께 보면서 정상적인 부부들이 다양한 체위를 하고 있음을 이야기하고 행동으로 시도해보는 것도 좋은 방법이다.

야한 동영상 마니아 남편

남자들이 야동을 많이 본다는 건 알고 있어요. 여자들도 더러 보기도 하잖아요. 저도 결혼 전에 몇 번 본 적이 있고, 야동을 보는 것 자체에 크게 의미를 두는 편은 아니에요. 문제는 저희 남편이 정도가 조금 심한 거 같다는 거죠. 퇴근 후 씻고 밥 먹고 나서 무조건 컴퓨터 방으로 가는데, 뭐 하나 싶어 살펴보면 꼭 야동을 보고 있어요. 저랑 관계를 꾸준히 하고 있음에도 쉼 없이 야동을 보는 남편이 이해되지 않아요. 남자들이 야동을 많이 보는 이유가 무엇인가요? 혹시 저와의 관계에서 만족하지 못하는 건 아닌지 걱정입니다.

한국 사회에는 야동의 허와 실, 유해성에 대한 교육이 필요할 것 같다. 하드코어 포르노를 성교육 지침서인 양 생각하게 만든 사회도 문제이며, 야동에서 성행위나 체위를 배우고 부인에게 실습하는 남자들도 더러 있다. 부인을 사랑하고 안 하고의 문제는 아닐 것이다.

수많은 야동의 홍수 속에 길든 남성들도 실컷 보고나면 지칠 것이다. 파트너에게 실습 할려고 하는 것이 아니라면 그리고 야동보고 흉내 내는 것이 아니라면 또는 야동보고 흥분을 유도하는 것이라면 성적 소통을 진솔하게 나누어 보는 것도 중요하다. 야동의 허와 실, 유해성 그리고 누가 만드는가? 합법적으로 만드는가? 무엇을 얻고자 하는 것인가? 그런 폭력을 조작하는 불법 야동이 실제 부부간에 얼마나 도움이 될지 등 여러 이야기를 나누어 보길바란다.

야동은 누가 만들며, 과연 합법적으로 만드는 것일까? 우선 야동이 합법적인 것이 아니라는 것은 다들 알고 있을 것이다. 그런데도 야동을 보면서 흥분을 유도하거나 흉내를 내거나, 실습을 위해 사용해야 할까? 성적인 폭력성을 다분히 담고 있으며 편견을 조장하는 불법 야동이 과연 부부의 관계에 도움이 될지, 차분히 의견을 나누어보기 바란다.

경우에 따라서는 부인과의 관계에 만족을 하느냐 아니냐의 문제가 아니라, 더 잘 해주기 위한 방법으로 야동을 볼 수도 있다. 그러므로 솔직하게 남편에게 내가 마음에 안 들어서 야동을 보는 것인지 직접 물어보고, 불편한 마음도 전달하는 것이 도움이 될 것이다. 만일 같이 하고 싶은 방법이나 일들이 있다면, 적어보고 서로의 성관계에 대해 오픈 마인드로 접근하여 논의해보길 권한다. 그런 과정에서 서로에게 신뢰가 쌓일 것이다.

• 꼬인 성을 풀어내서 새 인생으로

서로 다른 환경에서 자란 남남이 만나 가족을 이루는 일이 쉽다고 생각하면 오산이다. 만약 성격이 좋은 사람과 만났다면 행운을 잡은 것이니 감사하며 살 일이다.

대부분의 커플은 운동이나 취미 활동에서 서로가 좋은 짝(mate)이 되어주기를 바라는 욕구가 있다. 연애 시절에 함께 즐기던 활동에는 어떤 것이 있었는가? 부부가 더 많은 시간을 함께하기 위해서는 각자의 취미를 줄이거나 조절하는 것도 필요하다.

또 처음 만났을 때 상대방에게서 좋았던 것을 찾아보자. 강점을 찾아주고 긍정적인 것들을 부각시키도록 노력하며 존경과 칭찬을 보내는 것도 중요하다. 상대방의 칭찬이나 행동이 마음에 들면 그것이 좋다고 알리고, 서로에게 계속 그렇게 해주도록 하는 노력도 필요하다. 또 서로의 이야기를 잘 들어주고, 서로 신뢰를 구축해야 한다. 물론 재정적인 안정감도 중요하다. 그런데 대부분의 가정은 행복에 필요한 수준보다 훨씬 높은 목표를 세워놓고, 그것의 노예가 되어, 그대로 이루어지지 않는다며 불만스러워한다. 하지만 부부싸움은 동맥경화 등 심혈관질환 유발하며, 부부싸움을 격렬하게 할수록 그만큼 수명은 단축된다. 남편과 똑같이 적대적으로 다툰 아내들은 심혈관질환을 앓을 가능성이 매우 높은 것으로 나타났다. 또 한쪽이 우월적·억압적 행동을 과시했던 경우, 그렇지 않았던 경우보다 남편들이 질환을 앓을 가능성이 높았다.

인간관계에서 다툼은 불가피하지만 대화 방식이 건강에 미치는 영향도 크다는 것을 명심해야 한다. 금연, 운동, 다이어트, 식단 등 건강을 위한 노력 이외에 인간관계에 주의를 기울이는 것도 필요할 것이다.

우리의 일상과 삶에서 성 문제가 꼬이면 인생도 꼬일 수밖에 없다. 반대로 굿 섹스는 굿 라이프를 만들 수 있다. 각자가 지혜롭게 노력하고 살아내기를 기원한다.

4장

생애주기별로 보는
사랑의 기술

20대가 알면 좋은
아름다운 사랑의 기술

• 부끄러워하지 말자, 섹스는 죄가 아니다

'사랑이란, 기대는 언제나 빗나가고 우려는 언제나 적중하는 것'이라고 누군가 말했다. 남자와 여자는 이렇게 다르다. 여자를 만나서 "뭘 할래?"라고 묻지 마라. 뭘 하고 싶어서 나온 게 아니다. 남자를 만나서 "웃기고 재미있는 얘기 해달라"고 하지 마라. 함께하는 것만으로도 즐겁지 않은가! 시대와 세대, 장소를 불문하고 사랑과 성에 대한 이야기는 언제나 뜨겁다. 밥을 먹고, 숨을 쉬며 살아가는 것처럼 자연스러운 생활의 일부인데도 여전히 사랑과 성에 대한 이야기는 부끄럽고, 뭔가 껄끄러운 느낌으로 도마 위에 올려지기도 한다.

물론 2022년을 살아가는 20대 대학생들의 성 인식과 태도를 살펴보면 이전 세대와는 분명 차이가 크다. 시대의 변화 속에서 사랑도 변하고 성에 대한 인식도 변하고 있는 것이다. 여기에서는 대학생들의 바람직한 성행동에 대해 모색해보고, 젊은이들의 사랑의 기술을 요약해보겠다.

"성과 사랑 그리고 섹스. 부끄러워하지 말자! 섹스가 무슨 죄라고……."

대학생들에게 섹슈얼리티를 강의하면서 내가 하는 말이다. 그러면 반응이 다양하다. 재미있는 일도 많다. 성에 관한 이야기를 하면 부끄럽고 얼굴이 빨개지는 학생들부터, 왠지 부끄러워서 교재 표지마저 꽁꽁 숨겨서 다니는 학생까지. 아직도 성에 관한 이야기는 드러내놓고 싶지 않은가 보다. 그래도 관심은 크다. 수강 신청 때마다 조기 마감되는 인기 과목이다. 누구나 성에 대한 관심은 부인할 수 없으며, 이성 친구를 사귀는 학생들에게는 더 큰 관심을 끌기도 한다.

이 수업은 양성 평등한 데이트부터 한국 사회에서 가족관계와 젠더, 남녀의 차이와 차별, 사랑과 몸에 대한 고찰과 성 평등한 연애론, 성 정체성과 인권, 페미니즘에 대한 이야기와 뜨거운 논쟁으로 진행될 것이다. 젠더 폭력에 대한 문제와 생물학적인 성에 대한 이해, 성역할에 대한 고정관념을 깨는 것, 성 정체성에 관한 이야기 등 뜨거운 주제들이 많다. 올바른 성지식을 통해 삶이 풍요로워진다는 것과 AI 시대인 지금, 젠더 감수성이 왜 필요한지 젊은이들과 나눌 것이다.

• 데이터가 자원인 사회, AI 로봇과의 사랑은?

우리는 성별이 중요하지 않은 시대에 살고 있다. 하지만 여전히 고정된 성역할은 그대로 남아 있다. 4차 산업사회, 디지털 사회로 불리는 오늘날, 로봇의 예를 들어보자. 성별이 더 이상 중요 변수가 될 수 없는 사회가 된 지금도 성역할이 그대로 남아 로봇에게마저 부여되어 있다. 탐사형 로봇은 남성형으로 만들어져 있고 서비스 관련 로봇은 여성의 특징을 구현하고 있는 것이 그 예이다. 서비스 노동의 여성화가 그대로 적용된 것이다.

이와 관련해 많은 이들이 문제를 제기했지만, 변화는 아직도 요원하다. 인공지능도 역시 인간이 만든 데이터를 적용하는 것이기 때문이다. 로지, 루시, 래아 등 로봇 여성은 왜 다들 날씬하고 어리고 예쁜 여성의 모습일까? 우리도 모르게 자리 잡고 있는 성별 고정관념은 어디까지, 언제까지 영향을 미칠까? 젠더 감수성 향상을 위한 노력을 해야 하는 이유도 바로 여기에 있다.

데이터가 자원인 현 시대의 20대에게는 어떤 사랑이 중요할까? 사람을 대체하는 로봇이 등장하고 있으며, 사랑도 사람이 아닌 로봇과 하는 세상이 다가오고 있다. 아이돌을 본뜬 대체 인형들이 일본에서 인기리에 고가로 팔린다는 소식도 들린다. 하지만 그럴수록 사랑하면서 살아가는 것, 따뜻함, 촉촉함, 부드러움과 같이 인간에게 가장 중요한 것들을 잊지 말아야 할 것이다.

돈으로 살 수 있는 것과 살 수 없는 것들을 나열해보니 1순위가 사랑으로 나왔다고 한다. 이 결과는 사랑이야말로 어쩔 수 없는 신이 주신 최고의 선물이자 그 무엇으로도 대체할 수 없는 것임을 증명하고 있지 않을까.

• 나의 성기를 사랑하는 사람이 되자

나는 〈성과 인간관계〉 수업 첫 시간에 이런 질문을 던지는 것으로 시작한다. "본인의 성기를 자세하게 관찰해본 사람 손들어보세요."

이 질문을 받은 학생들은 대부분 몹시 당황하면서 쑥스러워한다. 그리고 "본인의 성기를 아름다운 것이라 생각하세요?"라는 이어진 질문에 여전히 묵묵부답으로 일관한다. 나는 학생들에게 성기는 생명을 창조하는 아름다운 곳이며 앞으로 강의 시간에 나눌 성에 대한 아름다운 이야기와 인간의 본능에 대해 강조한다. 그리고 성기를 '치부'라고 생각하는 사람이 있다면 바로 마음을 고쳐먹을 것을 주문한다. 이런 식으로 학생들과 직설적인 이야기를 나누면 마음의 문이 서서히 열리면서 반응이 아주 뜨거워진다.

강의의 첫 과제는 자기의 성기를 관찰하는 것이었다. 이 과제를 통해 자신의 성기 색깔은 어떤지, 혹 주변에 뾰루지나 피부 트러블이 있는지 등 여러 가지 성 건강도 체크하고, 자신의 성기가 얼마나 예쁜지도 관찰하는 시간을 가질 수 있다. 과제를 마치고 나면 평가와 피드백 시간을 갖는다. 학생들은 처음엔 부끄러웠지만 나중에는 도움이 되었으며, 이 과제를 통해 자신의 성기를 왜 사랑해야 하는지 알았다고 말한다. 교육을 통해 자신의 성기, 나아가 몸을 사랑하는 사람으로 변하는 것이다.

• 모두의 성기는 아름다운 것이다

건강하고 행복한 성문화와 행복한 가족을 이루어내기 위해서는 성에 대해 터부시하지 말아야 한다. 인간의 몸은 성기를 포함해 모두 아름다운 것이며 부끄러운 것이 아니다. 그러나 많은 이들이 어릴 때부터 성기를 감추고 부끄러워하도록 교육받으니, 부정적인 인식을 가질 수밖에 없고 나아가 죄책감까지 가지게 된다. 부모님과 성에 관한 대화를 나누는 것도 어색하게 여기기에, 태어나서 부모와는 그런 이야기를 나눈 적이 한 번도 없는 학생들이 대부분이다.

우리나라 젊은이들이 갖고 있는 성기능 장애의 원인은 대부분 '해서는 안 될 것을 한다'는 것에서 오는 죄책감이다. 젊은이들의 성에 관한 올바른 이해와 가치관의 변화가 시급하다. 이는 본인을 사랑하는 것에서부터 시작될 수 있다. 그런 점에서 사람마다 성기의 모습은 모두 다르다는 것을 가르쳐주는 것도 중요하다고 생각한다. 소음순이 짝짝이라거나 남들과 다르게 생겨서 절제 수술을 한다거나 음경이 작다고 확대 수술을 하는 것은 전 세계에서 우리나라밖에 없다.

• 성기를 리모델링하지 말자

내가 만난 한 중년의 내담자는 거금을 들여 금구슬로 성기를 리모델링했다고 자랑했다. 여성들을 만족시켜주겠다면서 큰돈을 투자했다는 것이다. "그래서 파트너가 좋아하던가요?"라는 질문에, 무조건 여성들은 남성의 음경이 큰 것을 좋아하지 않느냐는 것이었다. 그러나 이는 착각이다. 앞에서 말했지만 우리나라 남성들 가운데는 성기 대물 콤플렉스를 가진 이들이 의외로 많고, 이는 성기 확대 수술을 부추기는 이유가 된다.

한편 여성들에게 '명기 만들기'부터 남편의 바람을 막아준다는 '이쁜이 수술' 또는 '양귀비 수술'을 권장하기도 하며, 여성에게 멀티 오르가슴을 잘 느끼게 해준다는 광고까지 난무하는 실정이다. 진정한 오르가슴은 심리적인 요인이 큰데도, 모든 것을 성기 때문이라고 생각하는 것이다.

여성의 성감대로 많이 알고 있는 G반점(G-Sopt)의 위치는 질 입구에서 3~4센티미터 정도에 위치해, 남성의 성기 길이와는 전혀 관계가 없는데도 말이다. 게다가 물방울 하나 안 들어갈 정도로 탄력적인 조직으로 돼 있어 남성의 성기가 물 분자보다 가늘지만 않으면 문제 될 것이 없다.

양귀비 수술이라 불리는 소음순 절제도 의미없는 수술이다. 여성의 90% 이상이 비대칭일 뿐 아니라 여성이 음핵 다음으로 성적 쾌감을 느끼는 곳이 소음순인데 더 붙이지는 못할망정 수십만 원을 내고 자른다니, 불필요한 일이다. 얼굴이야 늘 내놓고 다닌다고 하지만, 이 부분은 사랑하는 사람과 당사자만 보는 것 아닌가. 우리나라는 음경 확대 수술 등 성기 관련 리모델링 수술이 심각할 정도로 발달해 있다. 세계 어느 나라보다 성기 리모델링에 관심이 많은 탓이다.

포경수술도 문제가 심각하다. 하루에 몇 번씩 샤워를 할 수 있을 만큼 위생적인 여건이 좋아진 상황에서 위생을 이유로 드는 것은 더 이상 말이 되지 않는다. 표피가 있으면 귀두가 너무 예민해져 조루가 우려된다는 것 역시 근거가 없는 말이다. 미국에서는 그러한 이유로 어릴 때 수술한 이들이 소송을 제기하여, 의사들이 복원 수술까지 해주고 있는 실정이다.

오히려 표피가 없으면 마찰 등으로 음경이 상할 수 있다. 부모님들은 남자아이들에게 포경수술을 시키지 말아야 한다. 성기를 자연 그대로 보존하자. 다 필요한 기능이 있기 때문에 있는 것이다. 오히려 포경수술을 하지 않았을 때 주름진 표피가 여성의 성감대를 자극해서 더 좋을 수 있다. 다시 한번 강조하는데, 리모델링은 필요 없다. 인간의 가장 민감한 성감대는 마음이고 뇌이기 때문이다.

• 84.9%의 '혼전순결 안 지켜도 된다?'

한국 사회의 연애와 성은 여전히 조심스러운 담론 중 하나다. 그러나 2030세대의 성에 대한 생각은 거침없다. 2016년 한국일보는 사회관계망서비스 등을 활용하여 2주간 2030세대 380명을 대상으로 성에 대한 생각과 경험에 대한 설문조사를 실시했다. 응답자는 남성 195명, 여성 185명이었고, 연령별로 보면 20대가 235명,

30대는 145명이었다.

그 결과 2030세대들의 대부분은 '즐길 건 즐겨야 한다'라는 생각을 갖고 있었다. 사귀는 사람하고만 잠자리를 갖는다는 발상은 더 이상 통용되지 않았다. 설문에 응한 2030세대의 평균 연애 상대 수는 4.2명이었지만 성관계를 맺은 이는 이보다 1명 이상 많은 5.5명이었다. '셀 수 없다'는 응답도 눈에 띄었다.

나이가 들수록 이 같은 격차는 더 컸다. 20대의 연애 상대 수와 성관계를 가진 이는 각각 3.9명과 4.1명으로 큰 차이가 없었다. 그러나 30대는 연애 상대 수가 4.7명인데 비해 성관계를 가진 이는 7.8명으로 3명이나 더 많았다. 지금까지 8명과 연애를 했다고 밝힌 한 30대 남성은 무려 80명과 성관계를 가졌다고 고백하기도 했다. 직장을 다니며 짧은 시간 얕은 관계를 맺는 일에 익숙해지면서 성에 대한 관념이 희미해진 것으로 보인다.

직장인 김모(31) 씨는 15번의 연애와 23명과의 잠자리를 가졌다. 그는 "취업을 하면서 경제력을 갖추게 된 데다 화술이나 이성과의 밀당도 이전보다 능숙해졌다"라며 "클럽이나 바, 기타 모임 등으로 여러 이성을 만날 수 있는데 굳이 연애를 해야 하는지 모르겠다"라고 말했다.

30대의 연애 속도 역시 20대보다 빨랐다. 첫 만남부터 성관계를 갖기까지의 기간은 평균 60.9일로 나타났다. 연령별로 보면 20대는 평균 66일이었으나 30대는 이보다 2주가량 짧은 52일로 나타났다. 2005년 인터넷 취업포털사이트 '잡링크'에서 실시한 '대학생

성 의식' 설문조사 결과에 따르면 "혼전순결을 지켜야 한다고 생각하는가?"를 묻는 질문에 응답자 1,388명(84.9%)이 "문제 될 것 없다"라고 답했다. 이미 오래된 발표인데도 84.9%라는 결과가 놀라울 따름이다.

이 같은 결과가 보여주듯, 대학생들의 성 의식과 태도는 과거에 비해 훨씬 개방성이 높아졌다. 하지만 대학생들의 이러한 개방적인 성 의식에 대해 우려하는 목소리가 높다. 성 행동의 개방성에 비해 그에 맞춰 요구되는 성에 대한 가치관은 상대적으로 확립되지 않았기 때문이다. 자신이 가진 성에 대한 의식, 즉 가치관과 성 행동은 일치해야 한다. 하지만 실제로는 그렇지 않은 경우가 많다. 특히 여성은 '상대방이 원하니까', '상대방이 떠날까 봐 할 수 없이'라는 생각으로 혼전 성관계를 하게 되는 경우도 많은 듯하다. 이는 성적인 결정권을 스스로 가지고 주체적으로 사용하지 않는 것이다.

성을 이해하는 '성숙도'가 성 행동보다 우선해야 하는데, 나이에 따라 이미 배워야 할 적절한 성교육이 제대로 이뤄지지 않은 현실 속에서 각종 미디어가 성을 '쾌락적 욕구'에만 맞춰 개방하도록 부추기고 있는 것에도 문제가 있다.

성행위는 원래 '사랑을 창조하고 완성'하는 사람과의 약속이다. 그러나 최근에는 육체적 쾌락과 성교에만 초점이 맞추어지고, 진정한 의미를 잃어버리고 있다. 성 경험을 한 대학생들의 비율은 점점 높아지는 추세고 혼전 성 경험에 대한 의식도 상당히 관용적이지만, 그에 따라 요구되는 자신만의 고유한 성 의식은 확고하지 않은 게 문제이다. 확고하지 않은 성 의식을 가진 채 성 경험을 한 후, 뒤늦게 후회하는 젊은이들이 많다.

성 경험을 그 자체로 옳다 그르다 판단할 수는 없다. 문제는 상대방과 더욱 성숙하고 완전한 사랑을 만든다는 확신이 부족한 상태에서 성 경험을 하는 것이다. 이상화 한국양성평등교육진흥원 교수는 "1980년대와 90년대 본격적으로 성적 자기 결정권에 대한 주장이 나오던 시기에 태어난 2030세대들은 개방적인 성적 행동을 보여왔다. 하지만 동시에 과거부터 있던 '정조'라는 사회적 통념에 사로잡혀 스스로 자신을 보수적이라고 여기고 있는 것으로 보인다"라고 설명했다.

• 완전한 사랑의 확신을 찾도록

사랑에 관해서는 완전한 사랑의 확신을 찾으려 애쓰고, 또 이를 위해 노력해야 한다. 성관계는 상대와 하나가 되고 싶다는 마음이 몸으로 표현되는 것이다.

상대와 하나 되고 싶다는 것은 단순한 생식기만의 결합이 아니라 상대의 모든 것과 하나가 되는 것, 상대의 생명 그 자체와 하나가 되는 것과 같다. 그러한 마음을 몸으로 표현하는 대화이다.

그러므로 성을 단지 성행위로만 이해할 것이 아니라, 남녀의 관계 속에서 좀 더 폭넓게 접근하는 것이 중요하다. 합의된 의사결정 속에서 자신이 가진 생식 권리를 스스로 만들어가야 한다. 본인의 성 경험 여부, 혼전순결 찬반은 이제는 식상한 이야기가 되어버렸다. 하지만 누군가로부터 빌려온 가치가 아닌, 자신 안에서 스스로 만들어져야 할 성 의식이 확고하지 않다는 것은 안타까운 일이다. 성 의식의 개방과 개인의 성숙이 일치하지 않는다. 물론 이는 사회의 구조적인 문제로, 남성과 여성에게 주어진 성역할의 고착화가 잘못된 성 의식을 낳게 된 것이기도 하다.

거부 의사를 표현하는 것은 매우 민감하고 어려운 일이다. 남성은 억압한 적이 없다고 생각하지만 여성의 입장에서 받는 고통은 다르다. 물론 이제는 여성들이 좀 더 자신의 의사를 정확히 표현할 필요도 있으며, 더 이상 남성의 의사에 따라 성관계가 맺어지는 일은 없어야 할 것이다.

한편 데이트 성폭력에 있어 물리적인 힘만을 기준으로 삼는 것은 오히려 본질을 호도할 위험이 있다. 여성은 자신의 의사를 정확히 표현할 필요가 있고, 남성은 그에 따라 주어야 한다. 남성이 여성의 의사를 알면서도 물리적, 정신적인 압력을 통해 성관계를 요구한다면 당연히 데이트 성폭력으로 간주할 수 있다.

그러나 이는 서로 간의 신뢰가 충분하다면 생기지 않을 문제이다. 또한 서로 간의 성적 순결이 지켜졌을 때 신뢰가 더욱 깊어진다는 것도 되새겨볼 필요가 있다.

30대, 심화된
성 지식으로 접근하라

• 아는 만큼 보인다, 뛰어보자 펄쩍!

"20대의 사랑은 환상이다. 30대의 사랑은 외도이다. 사람은 40세에 와서야 참된 사랑의 맛을 알게 된다."

괴테의 말이다. 이 말은 무엇을 의미할까? 30대 정도가 되면 남성 호르몬인 테스토스테론의 분비량도 줄어들고 성적 자극에 대한 신체적인 반응이 느려짐과 동시에 사정 후 다시 발기하기까지의 준비기간(Refractory Period)도 점점 길어진다고 한다. 물론 약간의 개인 차이는 있다. 그래서 30대의 사랑은 더욱 중요하다.

요즘에는 결혼 적령기가 큰 의미가 없어졌다고는 해도, 30대에 결혼하는 커플이 많다(통계청이 2019년에 발표한 자료에 따르면 2018년 기준 초혼 연령은 남자가 평균 33.2세, 여성이 30.2세로 30대 초반이었다). 그런데 놀랍게도 신혼여행지에 가서 제대로 성관계를 하지 못하고 돌아오는 신혼부부가 거의 40%에 이른다고 한다. 더 큰 문제는 이런 장애를 겪는 부부들이 이러한 문제에 대해 누구와도 대화를 나누지 못하고 고민만 하고 있다는 사실이다. 이들은 본인 또는 배우자에게 심각한 성기능장애가 있는지 염려하고 고민만 하며 시간을 흘려보내기 일쑤다. 여성들의 경우에는 출산을 겪으면서 성기능장애가 찾아오기도 한다. 산후우울증에 빠지는가 하면 성적 욕구를 느끼지 못하고 흥분도 잘 되지 않는 상태가 된다. 때로는 관계 시 통증을 느끼는 여성도 많다. 이런 시간이 지나면서 5~6년이 훌쩍 흐르면 남녀 모두 결혼 초기에 경험했던 성에 대한 추억도 즐거움도 쾌락도 모두 사라지고 파트너와의 성관계가 시들해지고 만다. 이전의 좋았던 섹스는 멀리 사라지고, 그저 형식적인 의무방어전으로 살아가는 부부가 되고 마는 것이다.

아는 만큼 보이는 것이 성이다. 정신분석학자 프로이트에 의하면 성은 인간의 가장 기본적인 욕구로서 항상 충족시켜 주어야만 일상생활의 모든 면을 건강하게 유지할 수 있다고 했다. 인생의 황금기에 더욱 만족스러운 성생활을 성취하기 위해서는 성에 대한 충분한 이해와 지식을 갖고 있어야 한다. 결혼이나 동거 생활의 경험을 통해 성 경험이 풍부한 대부분의 성인들은 일반적으로 자신이 성에 대한 지식을 잘 알고 있다고 자부한다. 그러나 우리가 가진 성 지식의 대부분은 통속적인 인터넷이나 주간지나 술자리에서 주고받는 가벼운 농담 또는 친구들로부터 얻은 것이 많다. 그래서 때로는 과학적인 근거가 없는 내용들도 매우 많다.

우리가 흔히 잘못 알고 있는 성 지식을 알아보면 자신이 의외로 무지하다는 사실을 알게 된다. 성지식 테스트를 해본다면 본인의 지식이 어느 정도인지 알 수 있으니 특히 사랑하는 사람과 결혼을 앞두고 있다면, 아니 결혼을 전제로 서로 사귀고 있다면 꼭 한 번쯤 하나씩 짚어가면서 사랑하는 사람과 서로의 지식과 마음을 꼭 짚어보고 결혼해야 할 것이다.

• 결혼하기 전에 반드시 짚고 넘어가야 할 것들

나는 주위 사람들에게 결혼 전에 반드시 짚고 넘어가라고 당부하는 것들이 있다. 가장 첫 번째로, 젊은이들의 경우에는 파트너의 나이가 아직 결혼하기에 너무 어리지 않은가를 살펴봐야 한다. 어린 나이에 이루어진 결혼은 대체로 불행하거나 이혼으로 가는 사례가 많다. 군 복무 기간에 "사랑하는 파트너가 임신을 했어요. 어떻게 해야 하나요? 합의가 안 되고 여친이 낙태를 못 하겠다고 하면 어쩔 수 없이 결혼해야 하나요?"라고 물어온 상담자가 있었다. 그런데 이 경우 억지로 결혼한다고 과연 행복한 결혼 생활을 지속할 수 있을까? 대부분 행복하지 않은 결말로 이어지는 사례가 많다. 또 혹시 파트너와 함께 있을 때 서로 의견 차이 때문에 논쟁과 갈등으로 주로 시간을 소비하지 않는지도 살펴야 할 항목이다. 이외에도 살피고 가야 할 것들을 정리하면 다음과 같다.

> • 파트너와 늘 함께 시간을 나누기는 하지만 서로의 이상이 맞지 않고 상호 이해가 부족하지는 않은가?

- 한쪽 또는 두 사람이 "당신은 정말 나를 사랑하지?"라는 식으로 사랑을 확인하는 대화를 자주 나누지는 않는가?
- 당신의 부모가 결혼을 반대한다면 그 사유가 과연 타당한 것인가?
- 파트너의 부모와 당신의 관계가 나쁜 경우 또는 당신의 부모와 파트너의 관계가 나쁜 경우 과연 두 사람의 결혼을 그래도 추진해야 하는가?
- 두 사람의 결혼이 본인들의 의사보다는 양가의 재산 정도, 사회적 지위 등에 의해 결정되지 않았는가?
- 결혼만 하면 모든 문제(예: 음주, 금전 낭비) 등이 잘 해결될 것이라고 기대하고 있진 않은가? 이러한 문제들은 결혼 후 더욱 악화되는 경우가 많다.
- 상대방이 당신의 지적, 정신적, 예술적 능력을 인정하고 존중해주는가?
- 당신이 지극히 싫어하는 특징을 상대방이 갖고 있지만 상대방의 마음을 상하게 할 것 같아 관련 대화를 못 나누고 있는가?
- TV나 비디오 등 오락물에 의존하지 않고도 상대방과 아주 즐겁게 하루 종일 시간을 보낼 수 있는가?
- 파트너나 당신의 존재는 순전히 성적인 욕구 충족에만 있다고 생각되지 않는가?
- 혼전 성관계를 가졌다는 사유 때문에 결혼을 해야 한다고 생

각하고 있는가?

- 함께하는 것을 즐기기는 하지만 파트너가 아주 이기주의적이
  고 상대방에 관해서는 전혀 관심이 없지 않은가?
- 물질적인 가치관이 서로 다르지 않은가?

결혼을 생각하는 요즘 젊은이들은 내가 말하는 것들을 모두 다 따지다 보면 결혼으로 골인할 커플이 얼마나 되겠냐며 반문할지도 모른다. 그저 '사랑하면 되는 것 아니야? 이런 것에 신경 쓰면 언제 사랑해보나? 결혼이 너무 계획적이군. 사랑에 빠져 결혼하는 게 낭만적이지!' 등의 불만을 표하는 이들도 많을 것이다. 그들의 말도 맞다. 이 세상에 완벽한 커플은 없다. 앞에 열거한 문제를 한두 개씩 가졌더라도 얼마든지 결혼해서 잘 살 수 있다.

중요한 것은 이러한 문제가 없어야 한다는 것이 아니라, 문제가 있음을 인지하고 이를 함께 변화시키고 해결해나가겠다는 강한 동기를 갖고 있는지를 확인하라는 것이다. 결혼은 개인의 일생 중 가장 중요한 결정으로 확고한 결심이 없는 무모한 사랑만으로 해서는 안 된다. 사랑의 힘으로 극복할 의지가 있는지, 자신 또는 서로 노력으로 문제를 해결할 수 있는지 신중하게 생각하여, 성공적이고 행복한 결혼을 위해 현명한 선택을 하길 바란다.

• 하드코어 포르노의 파괴적인 힘

오늘날 중요한 사회문제가 되고 있는 것 중 하나는 하드코어 포르

노의 파괴적인 힘이다. 성과 관련된 폭력부터 시작해, 이른바 '야동'이라고 일컬어지는 동영상이나 포르노가 심각한 문제가 되고 있다. 포르노는 우리가 일반적으로 생식기라고 전혀 생각하지 않는, 그러나 우리 신체의 가장 예민한 두 부분인 마음과 눈을 자극한다. 심리학자 제임스 맥거프(James L. McGaugh)는 인간이 감정적인 자극을 받게 되면 그 인상이 아드레날린 호르몬과 에피네프린에 의해 두뇌에 각인되면서 기억이 형성되는데, 그렇게 형성된 기억은 잘 지워지지 않는다는 연구 결과를 발표하기도 했다.

과거의 경험(성관계에 대한 강한 기억)은 마음속에 저장된 스크린에 계속해서 떠오르면서 성욕을 자극하는 역할을 한다. 이 원리는 포르노에 중독될 수 있는 이유와 포르노가 파괴적인 영향력을 미칠 수밖에 없는 이유를 보여준다. 성 중독을 전문으로 다루는 정신 치료 의사인 빅터 클라인(Victor B. Cline) 박사는 환자들 대부분에게, 특히 포르노를 일찍 접하게 된 사람들에게 공통적으로 나타나는 네 가지 증상을 찾아냈다.

점점 빠져들게 되는 중독 현상

포르노 소비자들은 일단 포르노를 접하게 되면 점점 빠져들게 된다. 포르노는 아주 강렬하게 성적인 자극을 받게 하거나 정욕을 일으키게 하고 대부분의 경우 자위행위를 통해 그 자극이나 정욕을 해소하게 한다. 또 자주 마음속에 떠올리고 상상을 통해 더 확대되는, 매우 강렬하고 흥분하게 만드는 형상들을 제공해준다. 클라인 박사는 욕망의 파도가 성 중독자들을 덮치게 되면 자위행위든 매춘이든 강간이든 어린이를 희롱하는 일이든 어떤 것이든 간에 그들이 원하는 것을 얻지 못하게 막을 수 있는 방법은 없다고 말했다. 그리고 그런 일은 눈으로 보는 일로부터 시작된다고 했다.

더 강렬한 자극을 위한 단계적 확대

그들은 만족을 얻기 위해 점점 더 많은 것을 요구한다. "시간이 지남에 따라 처음에 경험한 만족과 같은 정도의 효과를 얻기 위해서는 언제나 더 강렬한 자극이 필요하게 된다. 중독과 단계적 확대는 주로 포르노를 접하면서 마음속에 그리게 된 강렬한 성적 이미지 때문이다." 이것은 마치 마약 중독과도 같다고 클라인 박사는 보았다.

인식의 무감각

포르노에 묘사된 성행위가(아무리 반사회적이거나 비정상적인 것이라 할지라도) 점점 합법적인 것으로 받아들여지고 있다. 비록 그런 행동들이 이전의 도덕적 신념이나 개인적인 기준과 다르고 불법적인 것이라고 할지라도 '누구나 다 하는 것'이라는 생각이 점점 더 보편화되고 있다.

비정상적인 성적 행동의 실행

클라인 박사는 네 번째 증세로 강박관념에 사로잡혀 상대를 가리지 않고 하는 성행위와 노출증, 집단 성관계와 훔쳐보는 취미 등 비정상적인 행동을 네 번째 증세로 꼽았다. 이들은 안마 시술소를 찾거나 어린아이들을 대상으로 한 성행위, 강간과 성행위를 통해 자신과 상대방에게 고통을 주는 일 등을 포함해 성적 이상 증세와 비정상적인 행동을 실행에 옮기는 일을 점점 심화시키게 된다. 이는 모두 포르노 소비자들이 반복해서 포르노를 접한 결과라고 클라인 박사는 주장했다.

미국에서는 46초당 적어도 한 명 이상의 여성이 강간을 당하는 것으로 추정하고 있다. 성인들의 성범죄를 조사한 한 연구 조사를 통해 유죄 선고를 받은 강간범의 86%가 포르노를 정기적으로 보았고, 그중 57%는 강간을 범하면서 포르노에서 보았던 것들을 직접 흉내 냈다는 사실이 드러났다.

클라인 박사는 "대부분의, 또는 모든 성적 탈선은 '배워서 하게 된 행동'들이며 보통 우연히 또는 별 의도 없이 접하게 된 환경을 통해 배우게 된다. 강간이나 근친상간이나 어린이를 대상으로 한 성범죄나 노출증이나 상대를 가리지 않는 성행위 같은 병적인 행동들이 유전된다는 사실을 입증해줄 만한 증거는 없다"라는 결론을 내렸다. 결국 포르노가 파괴적인 영향력을 끼친 결과라는 이야기다.

이 문제를 방지하고 해결하는 방법은 우리 안에 성욕을 조절할 수 있는 능력이 있다는 사실을 인지하고, 성에 관해 지속적으로 공부하고 고민하는 일이다. 마음 놓고 사랑하고 성에 관해 자유롭게 이야기하며 성은 아는 만큼 보인다는 것을 명심하자.

30대의 왕성한 성 욕구는 양날의 칼날을 가지고 있다. 아름다운 사랑을 위해서는 멋지게 사랑해야 한다. 그리고 그 사랑은 자기 내면에서 가져오는 것이며, 무르익어야 한다는 사실을 반드시 기억하자. 성에 관해 제대로 아는 만큼 행복한 삶을 누릴 것이니.

• 성행동의 정상으로 가는 길

영어로 '파라필리아(Paraphilia: 이상 성행동)'라는 개념은 우리가 흔히 정상이라고 생각하는 성행동 이외의 모든 성행위를 일컫는다. 또 '퍼버전(Perversion: 성도착)'이라는 용어를 사용하기도 하는데, 여기에는 도덕적인 의미가 포함되어 있다. 즉 도덕적으로 용납되지 않는 모든 성행위는 비정상적인 성적 행위로 규정한다는 뜻이다. 따라서 파라필리아와 퍼버전은 일반적으로 같은 의미로 사용되기도 한다. 그러나 비정상이라는 표현은 상당히 주관적인 것이어서 사용에 주의가 필요하다. 노출 증세, 물품 음란증세, 마찰 도착증세, 소아기호증세, 자학성, 변태 증세, 가학성, 변태 증세, 이성 의복 착용 증세, 관음증세 등이 이상 성행동의 범주에 속한다고 봐야 할 것이다. 만일 조금이라도 이에 해당하는 이상 성행동을 가지고 있다면 이를 스스로 가장 먼저 인지하고, 건강하고 바람직한 성행동으로 가기 위해 노력해야 할 것이다.

프로이트는 이런 행동을 일컬어 개인이 갖고 있는 노이로제 중상을 반대급부적으로 표현하는 것으로 '이상 성행위'라고 불렀다. 또한 그는 노이로제 증상은 개인이 갖고 있는 바람(Wish)과 성취되지 못할 것이라는 불안과의 타협 과정에서 일어나는 결과라고 보았다. 한마디로 신경증적 증상이라는 것이다. 비정상적인 성행위는 공격적인 바람과 금지된 성적인 욕구가 표현된 결과로 나타난 현상이다.

30대는 성적으로 무르익고 완숙을 향해 가야 할 시기다. 또한 결혼에 많이 골인하는 시기이기도 하다. 그런 만큼 인생을 시작하는 멋진 커플들이 건강한 성을 바탕으로 한 아름다운 사랑으로 건강한 성생활을 누리기를 바란다. 성의 활력을 잃은 커플이 있다면 심화되고 정제된 성 지식으로 두 사람의 사랑을 다시 한번 불태우는 시간이 되길 바라본다.

40~50대, 위험한 사랑에서
안정된 사랑으로

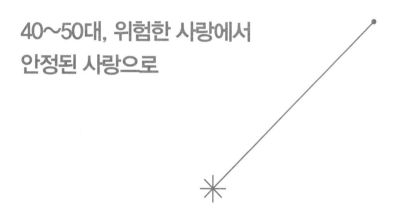

• 성적 민감도가 떨어지는 중년

부부가 오랫동안 함께 살다 보면 신비스러움이 다소 사라질 수도
있다. 개인마다 차이가 있겠지만 중년의 시기는 사랑이 약간 시들
어갈 수 있는 생애주기에 속한다. 함께 노력하지 않으면 관계가 흔
들리기 쉬운 때가 중년 시기라고들 한다. 괴테가 "사랑의 참맛을
아는 때가 중년"이라고 말한 것처럼 참사랑을 기존 파트너에게서
찾으려고 노력하면 아무 문제가 없겠지만, 부족한 부분을 메우려
고 밖에서 그 공백을 찾으며 일탈을 꿈꾸는 사람들도 주변에서 더
러 볼 수 있다. 그렇게 밖에서 사랑을 찾다가 인생 '쪽박 차는' 경우
도 쉽게 목격하게 되는 만큼 흔들리는 사랑의 고비를 잘 넘겨야 하
는 시기가 바로 이 40~50대인 듯하다.

중년은 함께 오랫동안 살아온 파트너와의 사랑이 시들어가면서
정신적인 만족도가 떨어지는 시기이기도 하지만, 성에 대한 욕구

와는 다르게 성기능이 제대로 말을 안 듣는 시기이기도 하다. 따라서 젊은 시절에 비해 더 직접적이고 강한 자극을 필요로 하기도 한다. 성관계의 빈도가 줄어드는 시기라 더 큰 자극을 원하기 때문이다.

중년의 나이대가 되면 본인 스스로 성욕의 수준, 성적 자극에 대한 반응과 성 반응, 흥분의 감도, 성기능의 약화 등을 감지하게 된다. 많은 남성이 종종 발기부전을 경험하고, 그 빈도가 점점 늘어나게 되면서 불안해하거나 시험을 해보려 하기도 한다. 중년의 성 반응과 기능의 강도는 실제로 젊은 시절 초기의 강도에 비하면 절반 정도밖에 되지 않는다.

이때의 특징은 성에 대한 관심도의 저하는 물론 발기의 빈도도 줄어들고, 발기한 후에도 오랫동안 유지할 수 없다. 사정을 해도 젊을 때와 같이 강렬하거나 힘차지 못하다. 하지만 분명하게 말하고 싶은 것은 사람마다 개인 차이가 있다는 것이다. 관리를 잘해서 성적으로 매우 활달하고 건강한 사람도 많다. 100세를 넘어 120세 시대라고 하는 요즘에는 예전에 비해 훨씬 젊게 사는 사람도 얼마든지 많다. 그렇기 때문에 더더욱 생애주기별 성에 대한 관심, 자신의 성기능에 대한 염려와 고민이 점점 늘어나는 시기이기도 하다. 이때 장기적인 계획을 세워 건강하게 관리하지 않으면 중년의 성은 정신적으로나 육체적으로 매우 위험에 빠질 수 있다.

• 건강한 부부 관계가 젊음과 사랑을 모두 가져다준다

어느 날 중년 남성이 전화 상담을 해왔다. "58세의 정관수술을 한 남성입니다. 정관수술이 노년기의 발기장애와 관련이 있는지요? 50세까지만 해도 성기능이 왕성했는데 그 이후로 쇠퇴하고 있습니다. 정관 복원 수술을 하면 성기능을 다시 회복할 수 있는지요?"

무슨 이유 때문인지 몰라도 많은 중년의 남성들이 정관수술이 발기장애를 일으킨다고 생각한다. 하지만 수많은 연구 문헌을 뒤져보아도 정관수술과 성기능 사이에 관계가 있다는 논문은 한 건도 발견한 적이 없다. 또 정관수술이 전립선암을 일으킨다고 생각하는 사람도 많은데, 이것도 학문적으로 입증되지 않은 틀린 정보다. 따라서 복원 수술을 한다고 발기력이 다시 왕성해진다는 기대는 하지 않는 것이 좋다. 아마도 중년이 되면 긴 세월 지속된 음주와 흡연, 높은 혈당이나 고혈압, 또는 높은 콜레스테롤 수치 때문에 발기장애가 생기지 않을까 짐작해본다.

한편 중년 이후의 여성들이 폐경기(완경기) 이후 분비물의 저하와 여러 가지 신체적인 변화로 성관계를 꺼리는 분위기 때문에 하소연하는 중년 남성들이 있지만, 이들에게는 가능하다면 다양한 러브젤 및 윤활유 역할을 해주는 보조용품을 활용해서 성관계를 지속적으로 하도록 권한다.

50세 이후부터 성기능이 점차 약화하는 것은 자연적인 현상이다. 중년 이후 남녀의 성 태도와 성 행동에 대해서는 많은 부분에서 개인 차이가 있고 또 일반적인 지식으로 해결하기 어려운 점이 있겠지만, 분명하게 공통된 점은 남녀의 차이를 이해하고 두 사람이 함께 노력하며 극복해야 할 일이라는 사실이다. 남녀가 모두 상대의 성에 대한 심리를 조금이라도 이해하고 노력한다면 외도나 황혼 이혼까지 가지는 않을 것이다. 중년 이후에도 좋은 친구 같은 연인으로 연애하듯 부부 관계를 지속한다면 더욱 안정되고 서로에게 힘이 되는 커플로 발전할 수 있다. 성 치료 효과에서 입증되었듯이 건강한 부부 관계는 젊음은 물론 건강한 정신과 육체 모두를 가능하게 하는 기본이 되어줄 것이다.

• 중년의 사랑, 이제부터 시작이다

중년, 특히 중년 여성의 삶에서 중요한 것은 호르몬 변화에 대처하는 자세다. 여성은 특히 갱년기를 전후해서 많은 신체 변화를 증상으로 겪는다. 이때는 건강했던 사람도 정신적, 육체적으로 힘든 시기를 거치게 된다. 더구나 결혼 초기 성기능 장애를 겪은 경우라면, 훨씬 조심히 갱년기를 맞이해야 한다. 젊을 때 적절하게 성기능 장애를 치료하지 못했다면 증상이 중년 시기에 더욱 악화될 수도 있기 때문이다.

여성의 경우 결혼 초기에는 성 지식이 충분히 없는 상태에서도 성에 대해 더 적극적이 되며 남편과의 성관계를 즐기게 된다. 그러나 나이가 들어감에 따라 불안해하고 특히 폐경이 오면서 성적 매력과 욕구가 상실되지 않을까 걱정하게 된다. 폐경은 결국 성행위의 종지부라는 공포감까지 갖게 된다.

하지만 이제부터 시작이다. 다른 말로 완경기라고 하지 않던가. 이제부터 자유로운 관계를 즐길 수 있는, 임신 걱정 없이 평온한 성이 활활 타오를 수 있는 시기가 중년이다. 이 시기, 건강한 성생활을 위해서는 무엇이 필요하고 어떤 준비가 되어 있어야 할까.

중년의 여성들은 몸매의 변화부터 많은 변화가 오기 시작한다. 폐경기 이후 여성은 몸에 다양한 변화가 오면서 심장질환이 증가한다는 연구 결과도 있다. 과거에는 삶의 질이나 인지장애, 기분장애, 성기능 장애 등에 대해서 논할 여유조차 없었다. 그러나 과학이 발달하고 사회가 발전하면서 갱년기 여성의 삶을 결정하는 호르몬에 대한 연구가 활발히 진행되었고, 이제 호르몬 치료는 삶의 질과 깊숙이 연결되어 받아들여지고 있다.

여성 호르몬제의 경우 여성에게 유방암을 유발한다는 소문이 나면서 많은 여성들이 꺼리던 시기도 있었으나, 근거 없는 비과학적인 이야기로 판명되면서 지금은 많은 여성이 혼자 힘들어하는 대신 호르몬제의 도움을 받는 추세다. 나 역시 여성호르몬 에스트로겐의 역할이 매우 중요하다는 생각에 동의해, 갱년기 이후로 꾸준히 호르몬제를 복용 중이다. 물론 갱년기를 맞이한 여성 모두가 호르몬제를 복용해야 하는 것은 아니며 선택권은 어디까지나 개인에게 있다. 그러나 호르몬 불균형으로 인해 몸이 힘들고 고단하다면, 병원의 처방을 받기를 강력히 권한다. 그것이 중년의 균형 잡힌 삶과 성 건강을 지켜준다면 마다할 이유는 없을 것이다.

• 중년, 섹스가 보약인 10가지 이유

중년이 오면서 성관계에 대한 생각도 사람마다 개인 차이가 크고, 성에 대해 아예 무관심한 사람도 많다. 하지만 섹스는 아는 만큼 보인다. 게다가 규칙적인 성생활은 노화를 방지한다.

실제로 섹스는 아는 만큼 삶의 질이 달라진다. 사랑이 주는 '쾌(快)'는 신이 인간에게 준 최고의 선물이기에, 중년이라고 해서 이 선물을 포기할 이유는 전혀 없다. 더구나 중년의 나이에 섹스를 제대로 하면 보약이 필요 없다. 섹스가 건강에 도움을 주는 10가지 이유를 소개한다.

- 혈액순환에 도움이 되고 콜레스테롤을 낮춰준다.
- 한 번에 200~400칼로리를 소모하기에 다이어트에 최고다.
- 근육의 긴장을 풀어주고 통증을 완화시켜준다.
- 글로불린 A의 분비를 증가시켜 면역기능을 강화한다.
- 일주일에 3번 이상 하면 뇌졸중 예방 효과가 있다(그러나 어디까지나 개인에 따라 맞게).
- 에스트로겐 분비를 활발하게 해주어 피부미용에 좋다.
- 뇌를 자극해 노화, 치매, 건망증을 억제한다.
- 전립선을 보호하며 전립선암과 염증을 막는 효과가 있다.
- 정기적인 섹스는 여성의 자궁을 건강하게 한다.
- 따뜻한 사랑의 감정이 우울증 치료에 효과적이다.

부부 커플 사이에 가장 중요한 건 '성적인 코드가 맞느냐'인 것 같다. 그러나 이보다 훨씬 더 중요한 것은 원래 코드가 맞는 사람끼리 만나는 것보다 서로 코드를 맞추기 위해 노력하는 일일 것이다. 섹스를 하는 게 즐거운 이유는 아이들을 낳고 성감이 좋아져서라기보다는 마음을 열고 사랑하는 사람과 함께 사랑을 나눈다는 것에 더 큰 의의를 두기 때문이다. 사랑하는 사람과 섹스를 할 때, 세상 모든 걱정은 모두 사그라진다.

앞에서도 여러 차례 말했듯이, 성은 '아는 만큼 보인다'. 중년 커플의 성은 오랜 세월 함께해오면서 서로 상대의 몸에 대해서 어느 정도 익숙해진 것도 있겠지만 무엇보다도 안정되고 편안한 상태에서 죄책감 없이 섹스할 수 있다는 게 가장 큰 장점이 아닐까 싶다. 중년 커플의 사랑이 훨씬 쉽게 불타오르고 뜨거울 수 있는 이유는 이처럼 서로의 몸에 대해 익숙해져 있고 서로 더욱 잘 알고 있기 때문이다. 쓰면 쓸수록 발달하는 게 '성감대'이다. 익숙한 커플이 오르가슴에 도달하는 확률도 높고, 만족도도 높은 이유이다. 그러니 집에서도 부부간의 아름다운 사랑을 위해서, 혹은 스스로의 만족을 위해서라도 노력을 게을리하지 말아야 할 것이다.

• 중년의 약해지는 성기능을 극복하려면

중년기에 들어서면 남성들에게 누구나 발기부전을 경험하게 되고 수면 중 발기력도 저하되며, 피부 접촉 감각이 현저하게 떨어진다. 그러나 이러한 신체적인 변화와 성기능의 저하는 성관계로부터 얻는 기쁨과 만족의 강도에는 전혀 영향을 주지 않는다. 성기능의 저하 자체보다는 그로 인한 심리적인 불안과 '성행위를 잘 해낼 수 있을까?' 하는 걱정때문에 성기능 장애가 발생하기도 한다. 모두가 겪는 것이니만큼 이러한 문제도 분명히 사회문제라 할 수 있는데도, 공론화되지 못하고 개인적인 고민으로만 내버려두는 것도 개인의 행복 추구권에 부합하지 않는다고 할 수 있다. 따라서 국가는 이 분야에도 관심을 가지고 예산과 정책을 투입해야 할 것이다.

사실 우리나라는 성 상담 및 성 치료 전문가도 턱없이 부족한 실정이다. 비뇨기과나 산부인과, 성클리닉 센터도 매우 부족한 데다, 경제적인 부담 없이 전문가를 찾아가 상담할 수 있는 곳도 별로 없다. 성클리닉 센터 또는 성 치료 상담센터도 의료보험 등의 복지 혜택을 받을 수 있어야 한다. 가족 상담 및 부부 상담을 하다 보면, 결국 그 안에는 성 문제가 꼬여 있음을 종종 발견한다. 성 치료로 마무리해야 하는 경우도 너무나 많다. 건강한 부부가 건강한 가정을 만들어가듯이, 부부가 행복해야 가정이 행복하고, 사회와 국가 전체가 행복할 수 있다는 것에는 모두가 동의할 것이다. 그러므로 성 문제 역시 한 걸음 더 나아가 공적 영역으로 포함할 수 있도록 정부에서 힘써야 할 것이라 본다.

미국의 경우 중년 이후 노인 전체 인구의 10%가 적어도 주 1회 성관계를 갖는다는 조사와 보고서가 있다. 스페인의 화가 피카소는 인생의 황혼기에도 정력과 생산력을 발휘하여 90세에, 이탈리아의 영화배우 안소니 퀸은 84세에 아버지가 된 예도 있다는 것을

참고하자. 나이에 따라 물론 성기능은 영향을 받지만 개인 차이가
크고, 누구나 평상시에 성 건강을 잘 관리한다면 연령에 따른 성기
능 문제는 크게 걱정할 것 없다.

• 용불용설을 잊지 말자

프랑스의 생물학자인 장 바티스트 라마르크(Jean-Baptiste Lamark)는
획득형질의 유전을 주장하면서 기관들을 계속 쓰면 더 나아지고,
쓰지 않으면 약해진다는 '용불용설'을 주장했다. 나는 중년의 성을
이야기할 때면 늘 이 라마르크의 '용불용설'이 생각난다. 성기능 역
시 안 쓰면 점점 쇠퇴하고 녹슬어서 더 이상 성적인 느낌이 없어지
면서 성관계가 어렵게 되지만, 쓰면 쓸수록 성적인 기술이 늘어나
고 쾌감도 더 좋아진다!

남자가 정신 못 차릴 정도로 좋다고 하는 삽입 섹스의 세 가지
요소는 '따뜻함', '촉촉함', '조임'이라고 한다. 맞다. 우리 몸의 혈액
순환이 잘되면 몸이 따뜻해져서 안아줄 때 좋고, 애액이 많이 나오
면 성기를 삽입할 때 촉촉한 느낌이 있어서 더 좋다. 조임은 성기
를 삽입했을 때 질이 수축하는 느낌인데 이것은 평소 pc 근육운동
인 케겔 운동(질의 수축과 이완을 반복하는 운동)을 통해서 얼마든지 훈
련할 수 있다.

하지만 여자가 그렇게 노력한다고 해도 같이 사랑을 나누는 남
자가 배려하는 마음이 없으면 두 사람의 섹스는 그다지 즐겁지 않
을 것이다. 아무리 훌륭한 악기라도 연주하는 사람이 잘못 다루

면 좋은 소리가 나지 않는 것처럼, 섹스도 남녀 모두 사랑과 대화가 가장 중요한 변수로 작용한다는 사실을 잊지 말아야 할 것이다. 쓰지 않으면 퇴화하고, 개발하고 노력하면 발달하는 것이 부부 관계이다. 성에 관해서는 아는 만큼 보이고, 그만큼 삶이 풍요로워질 것이다.

• 성적으로 건강한 사람으로 살아가기 위해
성적으로 건강한 사람으로 살아가기 위해서는 서로가 지켜야 할 무언의 약속이 있다.

- 자신의 신체와 생김새에 대해서 긍정적으로 생각한다.
- 성에 관한 정보를 필요할 때마다 주저하지 않고 추구한다.
- 대인관계를 할 때 남녀를 구분하지 않고 똑같이 존중한다.
- 자신의 성 성향에 대해서 자신감을 가지며, 다른 사람의 성 성향도 존중한다.
- 사랑과 친밀한 감정을 적절하게 표현한다.
- 외롭지 않게 친밀한 관계를 만들고, 잘 유지해나간다.
- 확고한 결혼관을 갖는다.
- 가족, 친구, 사랑하는 사람과 효율적인 의사소통을 한다.
- 일생 동안 자신의 성을 바람직한 방향으로 즐기고 표현한다.
- 자신의 가치관과 일치하는 성에 대한 태도와 가치관을 갖고 있다.

- 삶에 도움을 주는 성행위와 자신이나 타인에게 해로움을 주는 성행위를 구분할 줄 안다.
- 다른 사람들의 권리를 존중해주면서 자신의 성을 자유롭게 표현한다.
- 원치 않는 임신을 피하기 위해 피임을 효율적으로 행한다.
- 에이즈를 포함, 성병에 감염되지 않도록 책임 있게 행동한다.
- 정기적으로 의학적인 진단과 신체검사를 받는다.
- 가족, 문화, 종교, 대중매체, 사회적인 규범이 자신의 사상, 느낌, 가치관 그리고 성과 관련된 행동에 어떤 영향을 주는지 객관적으로 판단한다.

중년 이후의 성 행동 역시 많은 부분에서 힘들고 어려운 점이 있을 것이다. 그래도 남녀 차이를 이해하고 함께 노력해야 한다. 남자와 여자가 서로 다르지만 신체뿐아니라 서로의 심리를 조금이라도 이해하고 노력한다면, 외도나 황혼 이혼 등의 극단적인 문제까지 발생하진 않을 것이다. 중년 이후에는 좋은 친구이자 연인처럼, 부부 관계를 연애하듯 지속적으로 발전시켜간다면 젊음을 유지하는 것은 물론 성적으로도 건강하게 살 수 있다.

사랑은 나이를 불문하고 위험한 시기를 극복하면서 더욱 노력하려는 마음이 중요하다. 나이가 들면서 섹스에 대해 포기하는 사람들을 주변에서 주로 보게 되는데, 인생 100세 시대를 넘어 오랫동안 함께 살면서 섹스 없는 삶은 얼마나 힘들 것인가를 생각해보

라. 섹스를 포기하기엔 너무 이르다. 그렇다고 외부에서 부족한 부분을 충족하려 하지 말고, 현실에서 더 노력하고 함께 사랑을 찾아간다면 중년의 위기를 멋지게 잘 극복할 것이라 본다.

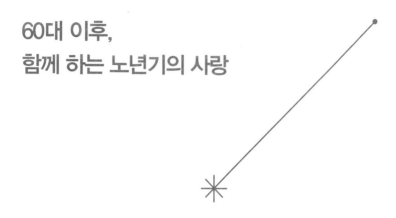

60대 이후,
함께 하는 노년기의 사랑

• 60대 이후 같은 공간에서 제2의 인생이 출발한다

현대사회에는 모든 분야에서 노년기의 사람들은 점점 자리를 잃어가고 있다. 성에 있어서도 같은 현상이 나타나는데, 이는 어쩌면 커플들의 행복과 자기만족에 긍정적인 영향을 주며 근원이 되기도 하는 사랑의 표현을 나이 들면서 스스로가 외면하기 때문이 아닐까? 사랑과 성의 영역에서 사회가 노인을 배제한 젊은이들에게 초점을 맞추고 있는 것이 사실이긴 해도 말이다.

만일 나이 든 사람에 대한 편견을 갖고 있다면 이제는 바뀌어야 할 시점이다. 노년이 오면 신체적인 변화와 함께 성생활에 대한 욕구가 어느 정도 저하되는 것은 맞지만, 그것을 인정하고 신체 변화의 문제를 인식하고 변화에 적응하면서 성생활을 계속하면 젊은이 못지않게 얼마든지 성생활을 영위할 수 있다.

나는 60대 이후의 노년기 사랑에서 가장 중요한 요인은 '같은 공간에서 함께 머무는 것'이라고 말하고 싶다. 그만큼 노년기에는 각자 별도의 공간에서 지내는 일이 많은데, 노년의 커플이 한 공간에 머무는 데 성공하기만 한다면, 제2의 인생을 다시 살아볼 수 있는 기회가 얼마든지 열릴 것이라고 확신한다.

• 노년기 성기능의 남녀 변화 차이

노년기에는 성기능에서 남녀가 현격한 차별점을 보인다.

남성의 성기능 변화

- 발기하는 데 시간이 좀 더 걸리고 보다 강한 자극이 필요하다.
- 발기의 강도가 약해진다.
- 사정을 조절하는 능력은 오히려 강해져, 성교를 오래 지속할 수 있다.
- 사정 시 사정액의 분출 강도가 약하다.
- 사정 후 다시 발기하고자 할 때 시간이 좀 더 걸린다.
- 성행위의 횟수가 감소한다.

여성의 성기능 변화

- 질벽 피부가 얇아져 성교 시 약간의 통증이 느껴진다.
- 질액 분비의 감소로 인해 성교 시 약간의 통증과 불편을 느낀다.
- 성적 흥분을 느끼려면 보다 긴 전희가 필요하다.
- 오르가슴의 강도가 약하고 지속되는 시간이 짧다.

섹스는 사랑의 표현인 만큼 일생의 마지막 순간까지 지속할 것을 강력히 권장하고 싶다. 예전 같지 않다고 미리 접어두거나 스스로 포기한다면 성기능의 노화를 촉진시킬 뿐이다. 일단 중지하게 되면 노화의 속도는 빨라지고, 다시 회복하기가 쉽지 않다. 일단 받아들이고 이에 맞추어 최대한 즐기는 태도가 필요하다. 물론 성관계를 하지 않고도 따뜻한 사랑을 이어가는 부부도 더러 있다. 그러나 스스로에게 솔직하게 물어보는 시간을 가지길 바란다.

오랫동안 같이 살아오면서 왜 성에 흥미가 없을까? 오래 살아온 아내, 남편에게 성욕을 왜 느끼지 못할까? 너무 늙었다고 생각하지 않는가? 90세에도 섹스는 지속된다고 하는데, 정말인가? 진정으로 이제 섹스에 관심이 없는 것인가? 부부간에 털어놓고 성에 관해 진솔한 대화를 해보았는가?

이 모든 질문에 개방적이고 편안한 자세로 각자 대답하고, 스스로를 점검해볼 일이다. 혹시라도 부정적인 생각이나 편견 때문에, 아니면 그 외 여러 가지 이유로 시도조차 하지 않았다면 이제라도 그런 생각은 모두 버려라. 두 사람이 함께 노력하고 즐길 때 노후에도 멋진 부부 관계의 진미를 맛볼 수 있을 것이다.

노년기의 신체적인 특성으로 인해 물리적으로 어려움이 있다면 비아그라, 시알리스, 레비트라와 같은 약을 사용하거나 마사지 또는 주사 요법 등을 사용해보아도 좋다. 우리가 산을 오르고 등반을 즐기다 보면 끝내 정상에 오를 수 있듯이, 천천히 노력하면 정상을 정복하는 최고의 느낌을 가질 수 있을 것이다. 노력해보지도 않고 노년기의 사랑과 성을 아예 포기하는 것은 너무 아쉽다는 생각이다.

● 노인은 'No인'인가, 'Know인'인가?

가끔 나는 나 자신이 'No인'인지, 'Know인'인지 궁금할 때가 있다. 이제는 쓸모없다는 의미의 'No인'과 반대로 움직이는 도서관이라 불릴 정도로 많은 것을 알고 있는 대선배로서의 'Know인'의 차이를 말이다. 나 자신, 전자와 후자를 고민하면서 내가 어디에 속하는지를 곰곰 생각하곤 한다.

누구나 No인이 되기를 바라지는 않을 것이다. Know인이 되어 많은 연륜과 경력을 통해 젊은이들과 함께 상생, 공존하면서 선배로서 삶의 활력을 찾아주는 이가 되고 싶을 것이다. 그리고 그렇게 살아갈 때 진정한 제2의 인생도 열릴 수 있을 것이다. 나는 Know인이 되기 위한 첫째 조건으로, 젊음을 유지하고 아름다운 노년을 만들어내는 것을 꼽고 싶다. 성은 젊은 사람들만을 위한 것이 아니기 때문이다.

물론 노년기에는 누구나 성기능 장애를 경험하게 된다. 특히 70세가 이 넘은 남성은 50% 이상이 발기장애를 경험하게 되는데, 그 이유는 순전히 나이 때문에 발기가 안 될 것이라는 심리 때문에 일어난다. 나이가 들어감에 따라 전체적인 신체기능의 변화가 오는 것을 두려워하기 때문이다. 노년의 남성은 발기하는 데 시간이 오래 걸리고 여성의 경우 질액의 분비가 급격히 감소하여 성관계를 할 때 통증을 쉽게 느낀다. 이러한 변화는 전혀 기대하지 않았던 것이기에 성생활의 종지부라는 생각을 하게 된다. 하지만 성 경험의 발달 단계는 커다란 개인차가 있다. 증상의 심각성과 지속 기간 등도 개인에 따라 천차만별이다. 따라서 자신들의 증상을 직접적으로 결부시켜 문제화해서는 안 된다. 만일 개인적으로 심각한 성기능 장애가 있다고 생각되면 성 치료 전문가의 도움을 받으면 얼마든지 회복될 수 있다.

• 영화《죽어도 좋아》에 나오는 노인의 성

노인의 성과 관련하여 아주 오래된 영화가 한 편 있다. 2002년에 상영된《죽어도 좋아》라는 영화이다. 이 작품은 당시 많은 사회적 반향을 일으키며 노인의 성을 다시 생각하게 하는 계기를 가져다주었다. "노인도 사랑과 연애를 하고 성관계를 젊은이들처럼 하고 살아?" 이 영화가 가져온 가장 직설적인 의문은 이것이었다.

이 영화 이후 노인의 성은 사회 속에서 다시 잠잠해졌다가 5년 후 2007년에는 매우 다른 관점에서 다시 부각되었다. 전남 보성에서 일어난 70대 어부 노인의 살인 사건 때문이었다. 당시 70대 어부가 젊은이 네 명을 살해했는데, 그 원인이 성 충동 때문이라고 알려지면서 많은 사람들에게 충격을 주었다.

최근에도 노인의 성과 관련하여 많은 논의가 쟁점화되는 듯하다. 노인의 성매매, 일명 '바카스 아줌마'와 노인의 성병 등이 사회문제로 대두되면서 '노인과 성'이라는 다소 생경한 관념이 다시 회

자되기 시작한 것이다. 얼마 전 나는 상담 중에 10년 전 부인을 먼저 보낸 73세의 노인 한 분이 그 뒤로 지금까지 혼자 살면서 애인과 주 1회 이상 성관계를 해오고 있다는 이야기를 전해 들었다. 일반적으로 60세가 넘은 노인들은 성생활과 거리가 먼 생활을 하고 있는 듯 보이지만, 이 사례를 보듯 매우 왕성한 성생활을 누리는 이들도 주변에 꽤나 많다.

최근에는 황혼 이혼과 재혼율이 늘어나고 있고, 졸혼도 점차 늘어나는 추세다. 노년층 사이에서는 사교 공간을 통하여 성관계를 유지하려는 노력도 나타나고 있다. 경제력의 유무를 떠나 현대의 노인들은 참지 않고 주장하고 싶어 하며, 자신의 정체성을 인정받으려 한다는 것을 알 수 있다.

인체를 구성하는 장기 중 노화가 가장 늦게 진행되는 기관이 생식기관인 성 기관이라고 한다. 우리들은 젊은 시절 술, 담배, 스트레스로 인한 잘못된 생활습관 등으로 성 기관의 기능을 급격히 훼손시켜왔다. 규칙적인 식생활과 운동, 건전한 생활습관으로 성 건강을 잘 관리한다면, 지금과 같은 100세 시대에 노년기에도 행복한 성생활을 누릴 수 있을 것이라고 나는 여러 강의에서 늘 주장한다.

헌법에 보장된 행복 추구권과 관련지어 노인의 성생활 역시 국가가 보호해야 할 책임과 의무가 있다. 또한 노인들의 성적 충족과 행복은 국가 의료비 예산의 절감으로 나타날 것으로 기대할 수 있다. 성생활은 건강 상태의 바로미터이기 때문이다. 따라서 체력이 허락한다면 규칙적으로 하는 것이 심신에 이롭다. 만족스러운 음식과 함께 등산이나 걷기 등 유산소 운동은 심폐기능을 올려주고 하체 근육의 단련은 성생활에 특히 도움이 된다. 또한 고환, 음경의 퇴화를 막고 뇌의 전두엽을 자극해 뇌의 노화, 치매, 건망증의 진행을 억제한다. 운동 효과는 여성에게도 여러 가지 성 치료 효과를 가져오며 골다공증 예방에 많은 도움이 된다. 남녀 모두에게 치매를 예방하는 효과도 높다.

원만한 성생활은 그 무엇보다 엔도르핀 분비로 인한 행복감으로 신체 여러 기관의 호르몬 분비를 증가시켜 건강에 도움이 된다. 또한 성에 대한 느낌과 표현은 정서적 안정감과 자아정체성을 확인하여 삶의 가치를 확인하게 한다. 노인의 성 문제는 이처럼 여러 중요한 함의를 가지고 있는 만큼, 사회적 차원에서도 적극적인 관심을 기울여야 할 것이다.

• 세월 따라 깊어지는 사랑의 비결

서로 잘 맞는 짝이란 어떤 것일까? 사람은 그 생김새와 마음씨와 사회생활과 그 밖의 여러 가지가 참으로 가지각색이요, 천차만별이다. 그러나 그 가운데에는 서로에게 가장 잘 어울리는 짝이 있기 마련일 것이다. 현대는 개성의 시대라고 하지 않는가? 누가 좋고 나쁘고의 문제가 아니며, 어떤 유형이 좋다 나쁘다도 아니다. 누가 나와 잘 맞는지, 어떤 유형이 어떤 유형과 잘 어울리는지가 중요하다. 갑에게 잘 어울리는 짝은 갑에게 좋다고 할 수 있지만, 을에게도 좋은 것은 아니다. 을에게 좋은 짝은 을에게 잘 맞는 짝이다. 그러므로 맞는 짝을 만나는 것에 성의를 다해야 한다. 더욱 중요한 일은 일단 맺어진 짝인 커플이 잘 맞추어 사는 것이다. 사람이란 불완전해서 아무리 잘 맞추어도 완전하다 할 수는 없기 때문이다.

사람은 늘 변한다. 나도 변하고 남도 변한다. 게다가 환경도 변한다. 코로나19 이후 변화하는 환경 속에서 많은 부부들도 변했다. 그 변화가 바람직한가 아닌가에 따라 부부의 삶은 행복하기도 하고, 불행해지기도 한다. 그런데 자신의 변화는 자기 행동의 결과라 할 수 있으며, 부부의 성관계 역시 부부가 살아가면서 맞추어가는 것이다. 부부가 노력하여 맞추어낸 성적 커뮤니케이션이야말로 더없이 좋은 섹스의 제일 요건이라 할 수 있다.

노년의 성관계도 얼마든지 파트너와 잘 맞추어낼 수 있다. 대개는 못 맞추는 것이 아니고 노력조차 안 하기 때문에 안 맞는 것이므로, 부부가 서로 이해하고 잘 맞추어 살아가자면 노년기의 부부 관계를 연결하는 도구를 잘 활용해야 한다. 특히 중요하고 효과적인 도구가 의사소통, 힘의 균형, 스트레스 관리 그리고 성생활이다. 즉 서로 의사소통을 원만하게 유지하고, 조화롭게 힘의 균형을 이루며, 서로에게 좋은 영향을 주면서 나쁜 스트레스를 빨리 없애도록 마음을 합해 노력하고 성생활을 제대로 즐긴다면, 처음 부부가 되었을 때처럼 사랑이 가득한 삶을 살아갈 수 있을 것이다. 좀 더 정확히 말하면 오히려 신혼 초의 들뜬 마음과는 다른, 세월이 쌓이면서 무르익는 사랑의 깊이를 느끼게 되고, 세월의 깊이만큼 익숙해진 사랑으로 행복도 깊어갈 수 있을 것이다.

• 성에 관한 건강 관리 십계명

성 심리학자 홍성묵 교수는《아름다운 사랑과 성》에서 노인의 성에 관한 건강 관리 십계명을 다음과 같이 소개하고 있다.

- 성생활을 자주 하라. 쓰지 않으면 점점 약해진다.
- 전신 운동을 게을리하지 말라. 체력이 정력이다. 그리고 케켈 운동을 매일 하라.
- 식사를 규칙적으로 하고 음식은 골고루, 그러나 자극적인(특히 매운) 음식은 피하라.
- 스트레스는 그때그때 건강한 방법으로 해소하라.
- 과로를 피하라.
- 음주와 흡연을 금하라.
- 성행위 때는 서두르지 말고 분위기를 살려라.
- 성 지식을 상대방과 공유하라.
- 상대방의 성감대 지도를 만들어 이용하라. 성감대는 개인마다 다르다.
- 자신만의 성 테크닉을 지속적으로 연구 개발하라.

미국의 의학 작가 에드워드 브레셔(Edward M, Brecher)는 그가 저술한《Love, sex, and aging : a Consumers Union report》을 통해 60세 이상 노인의 성행동과 성 태도에 관한 이야기를 이렇게 말한다.

- 노년기의 섹스는 신체적인 건강뿐 아니라 심리적인 건강 유지에도 큰 도움이 된다.
- 남성의 발기 능력과 여성이 오르가슴을 느낄 수 있는 능력은 90세 이상까지도 유지된다.
- 노인들은 성교뿐 아니라 자위행위, 오럴 섹스 등 다양한 성행위를 즐기고 있다.
- 나이가 들어갈수록 더 오랫동안 성교행위를 유지할 수 있어서 성에 대한 만족도가 높다.

이는 많은 심리학자들과 성 치료 전문가들 사이에서는 이미 오래전부터 널리 알려진 사실이다. 노인 대상 성교육을 다녀봐도, 파트너가 있다면 노년의 남성들은 지속적으로 성관계를 하고 있다고 말한다. 강의 도중 70대 후반의 나이임에도 불구하고 지속적으로 애인과 성관계를 잘하고 있다고 자랑하는 어르신도 만났다. 하지만 한국 사회의 성문화 속에서 노인들에게 성에 대해서 의욕적인 태도를 가지고 성생활을 계속 유지하라고 설득하는 것이 그리 쉬운 일은 아니다. 이제는 노년기의 성에 대한 긍정적 인식의 대전환이 필요하다. 다시 한번 사용할수록 발달한다는 라마르크의 '용불용설'을 강조하고 싶다. 또한 섹스는 몸과 마음, 영혼의 소통이라는 것도 잊지 말자.

3부

평등한 만남과
평등한 이별

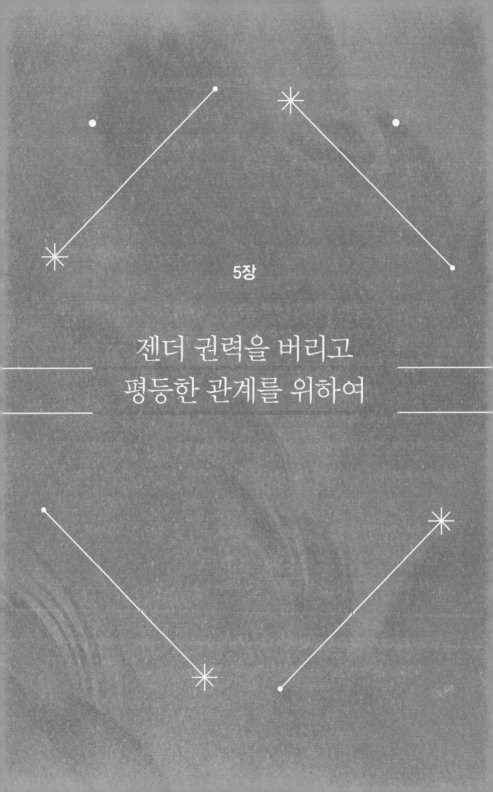

5장

젠더 권력을 버리고
평등한 관계를 위하여

'오빠'라고 불리는 순간, 상대는 이미 권력자

• 너도나도 오빠?

대학생들이 달라졌다. 부모 세대가 대학생이던 시절에는 낭만이 있었고 시간 여유도 있었다. 그러나 요즘 청년들에게 대학 캠퍼스의 낭만이란 과거의 유물일 뿐이다. 수능 공부에 이어 대학에 들어가서도 스펙을 쌓기 위한 취직 공부에 매진해야 하기 때문이다. 치열한 입시의 관문을 뚫고 대학에 들어가도 곧바로 취업을 준비하기 위한 레이스가 시작된다. 미래를 보장받지 못한 불확실한 현실속에서 청년들의 한숨은 더 커지고 있다. 가히 청년들의 수난시대라 할 만하다.

그런데 불과 10~20년 사이에 이와는 오히려 반대되는 쪽으로 바뀐 것도 있다. 바로 남자 선배를 '오빠'라고 부르는 문화가 그것이다. 멀게는 30년, 가깝게는 20년인 2000년대만 해도 가족이나 친척인 친오빠나 사촌오빠가 아닌 이상 다른 남자를 오빠라고 부르는 일은 드물었다. 여자 대학생들은 남자 선배에게 '학형'을 줄여 '형'이라고 불렀고, 그게 아니면 '선배님' 정도였다. 그런데 요즘은 너도나도 오빠란다. 오빠라니, 세상천지가 다 남매 사이라도 된단 말인가?

• '오빠'라는 말에 '정치' 있다

나는 대학교에서 양성평등 또는 성과 인간관계, 가족과 젠더 등의 과목을 맡아서 진행한다. 강의 첫 수업에서 학생들에게 늘 묻는 질문이 바로 '오빠'라는 말에 숨은 진실을 알고 있는가 하는 것이다. 여기에는 여학생은 물론이고 남학생들도 포함된다. 내 질문에 학생들은 오빠라는 단어에 무슨 큰 진실이 숨어 있을 리 있느냐는 표정을 짓곤 한다.

"오빠라는 말이 어때서요? 당연히 나보다 윗사람이면 오빠라고 불러야 되는 거 아닌가요?"

이렇게 오빠라는 호칭에 대해 한 번도 깊이 생각해보지 않은 학생들에게 나는 말한다. 오빠라고 부르는 순간, 평등한 관계는 깨지고 상하 관계가 형성된다고. 여학생들은 권력관계에서 아래쪽에 자리하게 되고, 남학생들은 또 남학생대로 불필요한 의무와 책임감에 더해, 의도하든 의도하지 않았든 여학생들보다 정치적으로 우위의 자리를 선점하게 되는 것이라고 말이다.

이런 이야기를 들려주면 학생들은 '오빠'라는 단어 하나에 그렇게 많은 뜻이 숨어 있는지 미처 몰랐다며 놀라곤 한다. 물론 "그냥 편하게 부르는 게 왜 나빠요? 왜 그렇게 힘들게 살아야 하죠? 그냥 편하게 살고 싶은데요"라고 말하는 학생들도 있다. 그런 학생들에 게는 좀 더 자세하게 오빠라고 부르는 순간부터 권력의 비밀이 만 들어진다고 이야기해준다. '오빠'라는 호칭에는 '남성성'으로서 권 력을 갖는 숨겨진 힘이 있다고 말이다.

오빠의 이미지는 어떤 것인가? 동생에게 오빠란 어떤 존재여야 하는가? 오빠는 힘 있는 존재이며 늘 동생을 지켜주기 위해 동생 의 주변을 살피고 돌보아야 한다. 늦은 귀가를 금지하는가 하면, 누구를 사귀고 누구를 만나는지도 정해주어야 할 것만 같다. 군이 거기까지 가지 않더라도, 사귀는 남녀 사이에서 오빠라는 호칭은 자연스럽게 위계를 만든다. 따라서 선배를 넘어서 오빠가 되는 순 간, 사적인 개입의 여지가 마련될 여지도 열린다는 사실을 명심해 야 한다.

• 유쾌한 젠더 이노베이션 전도사를 꿈꾼다

4차 산업혁명이 도래한 2022년, 2030세대들은 매우 어렵고 힘든 청년기를 보내고 있다. 강의실에서 수업하다 보면 부모의 강권에 못 이겨 원하지 않은 대학에 등 떠밀려 온 학생부터, 시간제 아르 바이트로 지쳐 아침부터 졸고 있는 학생, 진로를 정하지 못해 방황 하는 대학생들을 자주 볼 수 있다. 이들의 내면을 들여다보기 위해 노력하고, 그들과 함께 친해지려 애써보지만 그리 쉽지는 않다. 그 래서 나는 적어도 학교 현장에서만큼은 유쾌한 젠더 이노베이션을 전도하는 강사가 되고자 한다.

'오빠'라는 호칭에 숨은 젠더 권력의 진실로 시작하여, 이후 이어지는 강의에서 나는 오빠의 정치학을 풀어내면서 가족과 젠더, 휴먼 섹슈얼리티, 양성평등에 대한 이해, 가족과 여성 및 아동복지, 가족복지 등 학생들이 몸과 마음을 올곧게 세우고 건강하게 생활할 수 있도록 이끄는 데 주안점을 두고자 한다. 특히 가족과 관련된 젠더와 섹슈얼리티 문제에서 핵심 역량을 맘껏 발휘하고 있다.

내가 20대이던 시절과 지금 2022년의 청춘은 매우 다르다. 세대 간 이해의 폭이 때로는 협소해 서로 오해하는 일도 많지만, 나는 내 수업에서만큼은 젊은 청춘들에게 성적으로 주체가 되어 자기 삶의 주인공으로 살아갈 것을 강조한다. 발표 수업에서 성 인지·성 인권 감수성 역량 강화 훈련과 가정폭력&성폭력에 대한 인식을 통합해 젠더 폭력과 데이트 성폭력까지 연결하여 수업하는 이유도 여기에 있다.

• 자유로운 연애만큼 자유롭고 평등한 사랑으로

요즘 젊은이들에게 결혼은 필수가 아니다. 자유롭게 연애하고, 자유롭게 헤어진다. 그러나 자유로운 연애만큼 이들이 서로가 평등한 사랑을 하고 있는지는 모르겠다. 뉴스에 자주 보도되는 데이트 폭력까지 굳이 가지 않더라도, 서로 지나치게 조건을 따지거나 일회성 만남으로 일관하는 것, 가벼운 것을 넘어서서 경솔한 만남까지, '사랑'이라는 이름으로 다종다양한 방식의 인스턴트 만남을 보기 때문이다.

보기만 해도 눈부신 젊음을 마음껏 사랑하는 시간으로 채우는 일만큼 소중한 경험은 없다. 또 새로운 것에 도전할 수 있는 꿈을 찾을 수 있는 젊음의 시간은 누구에게나 소중한 시기이다. 이 시기에 누구보다 아름다운 사랑을 많이 하기를 바란다. 그러기 위해서는 공평하고 평등한 성 가치관 정립이 필수적이다. 상대에 대한 존중이 있어야 주도적으로 사랑하고, 또 자기 자신도 사랑할 수 있기 때문이다. 정치적으로 올바른 사랑의 시작은 평등한 관계에서 시작하며, 또한 평등한 말에서 평등한 관계가 나온다는 것도 잊지 말아야 할 것이다.

젠더 감수성을 올려야
하는 중요한 이유

• 젠더의 탄생

젠더(Gender)란 한마디로 '사회적인 의미의 성별'을 말한다. 사회적인 환경, 문화 등 그 시대의 다양한 배경을 기반으로 만들어진 여성성과 남성성을 표현하기도 한다. 사전적 의미가 가리키는 젠더 개념 역시 생물학적인 의미의 성과 구별되는 사회적인 성을 일컫는다. '젠더'라는 용어가 처음 등장한 것은 1995년 9월 5일 중국 베이징에서 열린 유엔(UN) 제4차 세계여성대회에서이다. 여성대회 정부기구(GO) 회의에서 '섹스' 대신 '젠더'라는 용어를 사용하기로 결정하면서, 사회적인 성의 의미로 쓰이기 시작했다.

젠더라는 말은 남녀라는 서로 다른 성별 간의 대등한 관계를 전제하며, 실제로 평등과 동등한 사회적 지위를 실현시켜야 한다는 의미가 함축되어 있다. 우리나라 역시 2018년 이후부터 젠더라는 용어가 더욱 확산되면서 관련 담론들도 무수히 쏟아져나오고 있다. 젠더 속에 숨은 비밀과 다양성, 성차별의 문제 등이 이슈로 떠오르며, 왜 '젠더 감수성'을 기르고 업그레이드해야 하는지 사회적인 합의가 이루어지고 있는 것이다.

• 미투 운동이 우리에게 던진 질문

앞서 말했듯 대한민국의 2018년은 1년 내내 미투 운동으로 떠들썩했다. 그 시작은 촉망받던 유력 정치인의 비서가 쏘아 올린 화살로 시작되었다. 그 일로 인해 해당 정치인은 개인으로나 사회적으로 쌓아온 정치 인생이 한 번에 무너져내렸고, 실형까지 선고받기에 이르렀다. 그런가 하면 S 검사의 미투 고백은 검찰 조직도 미투에서 자유롭지 않다는 현실을 적나라하게 드러냈으며, 이어지는 미투 운동을 통해 연예계, 예술계, 체육계는 물론 분야와 장소를 가리지 않고 젠더에 기반한 폭력이 만연한 우리나라의 현실을 말해주기도 했다. 어느 조직이든 단체든, 젠더 권력이 자리 잡고 있는 것이 바로 대한민국의 현실이었음을 새삼 절감하게 한 것이다. 사회 구석구석, 미투로 인해 그동안 가려졌던 유명인사들의 본모습이 끊임없이 드러났다. 잘나가는 문화계의 대부, 체육계 회장, 유명한 영화계의 감독 할 것 없이 수많은 분야에서 그간의 사건들이 미투로 드러나기에 이르렀다.

그 이후 미투 운동은 우리 사회의 뜨거운 이슈로 자리 잡았고, 지금까지도 진행 중이다. 끊임없이 미투와 관련한 고소, 고발 사건이 보도되었지만 여전히 우리 사회의 젠더 감수성은 낮으며, 때로는 피해자가 2차 피해를 당하는 일도 매우 빈번한 게 사실이다. 이는 2022년인 현재까지도 한국 사회가 성평등지수에서 매우 열악하다는 사실을 여실히 보여주며, 우리 사회 성평등의 현주소를 직시하고 젠더 감수성을 업그레이드해야 할 이유를 말해준다. 한편으로는 이제는 예전보다 훨씬 성숙하고 촘촘한 방식으로 젠더 감수성이 작용하게 되었다는 것을 보여주기도 한다.

• 일상 속 미투 운동, 그 거대한 파도를 기대하며

우리 사회를 뜨겁게 달구었던 미투 운동도 벌써 4년째 접어들었고 2022년이 되었는데도 왜 여전히 우리의 젠더 기반 성폭력 범죄는 줄어들지 않는 것일까? 디지털 그루밍 등 디지털 사이버 성범죄, 데이트 폭력과 스토킹 살해까지, 우리나라의 성범죄는 나날이 늘어나고 있고 그 양상도 점점 잔혹해지고 있다. 특히 박사방 사건이 보여주듯 돈이 되는 일이면 어떤 일이든 서슴지 않고 벌이는 사이버 성범죄도 점점 더 늘어나고 있다.

하지만 작금의 미투 운동이 용두사미처럼 한순간의 바람으로 그치진 않을까 하는 걱정이 앞서는 것은 비단 나만의 걱정이 아닐 것이다. 미투의 피해자는 성별과 연령을 가리지 않고 늘어나고 있기 때문에, 미투 운동은 끝없이 일렁이는 큰 파도가 되어 계속되어야 한다.

• 미투 가해자는 평범한 사람들

성폭력 특별법에 의해 미투의 가해자는 징역 또는 벌금, 성폭력 예방교육 수강명령 등의 처벌을 받게 된다. 또한 전과기록을 없애기 위해 보호관찰소의 관리하에 교육도 받는다. 보호관찰소로 주로 강의를 다니다 보면 별의별 사연으로 들어온 수많은 사람들을 만나게 된다.

내가 만난 70세의 한 남성은 사회적으로 어엿한 사업체를 운영하는 평범한 사람이었다. 그에게 "사장님은 어쩌다 이곳에 오셨나요?"라고 묻자 그는 골프 치다 친구랑 어디까지나 장난으로 경기보조원(캐디)의 신체를 언급했다고 한다. "참 이쁘게 생겼네, 섹시하다"라고 친구랑 둘이 속삭이듯 말했는데, 멀리 있던 경기보조원(캐디)이 이 말을 듣고는 다짜고짜 따져 물었다는 것이다. "방금 뭐라고 말씀하셨나요?" 하고 화를 내기에, 당황해서 좀 달래보려고 친구와 둘이서만 한 농담이니 아가씨가 참으라며 어깨를 토닥토닥했단다. 그런데 이것이 신체에 부적절한 접촉을 한 것까지 간주되어 추가로 가중처벌을 받았고, 그 때문에 벌금을 내고 일주일 내내 가해자 성폭력 예방교육 프로그램 수강명령을 이수받고 있다며 털어놓는다.

또 다른 젊은 중소기업 간부는 성 매수자로 와서 존 스쿨 교육(성을 구매한 초범 남성이 기소 유예를 조건으로 16시간 동안 이수하는 재범 방지교육)을 받고 있다. 중소기업 간부이지만 아이 둘을 키우고 있는 부인이 본인의 욕구를 채워주지 않아서 인터넷 채팅으로 만난 사람에게 돈을 주고 성매매를 한 것이다. 현행범이나 성매매를 한 사람들을 대상으로 이루어지는 존 스쿨 교육은 최근 8시간에서 16시간으로 교육시간이 늘어났는데, 그는 교육기간 내내 성매매특별법이 문제라면서 억울함을 호소하고, 나아가 백래시까지 하는 것이었다.

존 스쿨 교육장에서 50대의 어느 중년 여성도 만났는데, 그 여성은 이혼 후 딸과 둘이 살고 있었는데 어느 날 인터넷 고스톱 게임에서 한 남자를 만났고, 게임에서 자주 만나다 보니 가까워졌다고 했다. 자연스럽게 친밀감이 형성되었고, 남성이 오프라인에서 만나자고 하여 조건 만남으로 만났다고 했다. 그렇게 두 번 돈을 받고 성매매의 만남을 가졌는데, 세 번째에는 남성의 만남 요청을 거절했더니 돌변한 남자가 그 자리에서 성매매특별법 현행범으로 신고했다고 했다. 그 남성에게 성관계 후 대가성 용돈 20만 원을 현장에서 받은 것으로 현행범이 된 것이다. 여성은 어렵사리 그 이야기를 털어놓으며 자신이 성매매특별법에 걸린 것을 매우 억울해했다.

그런가 하면, 한 젊은 20대 대학생은 모르는 여자의 다리를 쳐다보았다는 이유로 112에 신고를 당했다며 억울함을 호소하기도 했다. 그는 내게 장문의 편지를 전하면서 이렇게 썼다.

"미니스커트를 입고 다니는 것은 봐달라는 의미 아닌가요? 자연스럽게 눈이 가고 나도 모르게 치마 밑을 쳐다보았을 뿐인데 신고당해서 벌금 200만 원에 성교육 프로그램 40시간 수강명령이니 너무 억울합니다."

이처럼 나이를 불문하고 많은 사람들을 교육장에서 만나게 되며, 실제로 일어나는 성적 폭력의 스펙트럼은 우리가 알고 있는 것보다 훨씬 광범위하다. 이들이 말하는 것처럼, 정말 억제할 수 없는 성 욕구, 성 욕망을 참지 못해 장난스럽게 행한 일인 것? 이부분에 대해 다시 한번 생각해보고, 미투 운동의 의미와 계속해야 하는 이유에 대해서도 생각해봐야 할 것이다.

• 젠더 감수성을 올려야 하는 중요한 이유

위 사례들을 보면 많은 사람이 본의 아니게, 잘 몰라서 피해자가 되기도 하고 가해자가 되기도 한다. 젠더 감수성을 높여야 하는 이유이다. 일상 속에서 대수롭지 않고 자연스럽다고 생각한 행동으로 가해자가 되고 보니 억울하다는 것이다. 한편 피해자가 자신의 피해 사실을 입증하고 증언해야 하는 것도 당연히 잘못된 것이다. 왜 가해자가 아닌 피해자가 범죄사실에 대해 입증해야 하는 걸까?

사법기관도 무엇이 문제인지는 분명 알고 있다. 젠더 폭력은 남성의 본질적인 성 욕망의 문제가 아니다. 가부장제 사회에서 남성으로 만들어지는 사회적 조건화 과정의 일부다. 인간의 성적 행위는 특정한 사회문화적 조건 속에서 젠더라는 필터와 사회화를 통해 학습된 결과이기 때문이다. 성폭력이 남성의 억제할 수 없는 성 충동이나 성 욕구에서 비롯된다는 것은 잘못 알려진 사실이다. 비정상적이고 반사회적인 통념을 떠나 성폭력 가해자로부터 포괄적인 원인을 분석해 찾아낼 때, 비로소 남성과 여성 모두가 성 평등한 세상이 다가올 것이다.

　시대가 변하고 있다. 코로나19 이후 디지털 세상이 더 확장되면서 디지털 성범죄의 양상도 더 거세질 것이다. 온라인 안에서의 도덕과 예의, 에티켓 교육도 중요하다. 강요된 성적 합의, 부당한 성차별, 권력형 성폭력까지, 우리는 용기 있는 폭로를 한 피해자들에게 #With You로 연대해야 한다. 이에 더해 사법부와 국회도 함께 나서주길 바란다. 또한 우리 모두 여성은 이래야 하고 남성은 저래야 한다는 잘못된 고정관념에서 하루빨리 벗어나고, 남녀의 젠더 권력으로 만들어지는 폭력을 줄여가야 한다.

　이제는 잘못된 성역할의 고정관념에서 벗어나 각자 개인의 다양성을 인정해야 하는 시대다. 또 각자의 성 정체성에 대해서도 타인이 지난하고 억압해서는 안 된다. 세상에 당연한 것은 없기 때문이다. 이 땅에서 남자로 살아가는 것은 고단하기 짝이 없는 일이라는 말이 있다. 이는 강요받은 남성성의 신화를 깨야 할 이유이기도 하다. 이제는 미투 혁명을 계기로 성차별 없는 한국 사회로 나아가야 할 것이며, 새 판을 짜고 모두가 새롭게 바꾸어내야 할 것이다.

여자들의 No는
100% No다

• No는 No일 뿐이다

사람들은 대부분 예스(Yes)에는 능하지만, 노(No)에는 초보자다. 부탁보다 어려운 것이 거절이기 때문이기도 하고, 거절할 때마다 왠지 내가 상대방에게 나쁜 사람이 되는 것 같은 죄의식에 빠지기 때문이기도 한다. 거절을 어렵게 생각하는 주요한 이유로는 상대에게 상처를 주기 싫고, 좋은 사람이라는 이미지를 지키고 싶고, 갈등을 피하고 싶다는 등의 관계적 이유가 있다. 그러나 많은 사람들이 자신의 목표를 달성하지 못하는 이유 중 하나는 'No'를 제대로 말하고 표현하지 못하기 때문이다. 거절한다고 해서 상대를 거부하는 것은 아니며, 거절은 다양한 의사표현 중 하나에 불과하다. 이 짐을 인정하고 받아들이지 않는 한 우리는 No를 No 자체로 받아들이지 못하는 미로에 빠지게 된다.

• 여자와 남자의 언어 사용은 같다

그런데 세상을 살다 보면, 대개 남자들의 No는 No로 바로 받아들이면서 여자들의 No는 No가 아닌 것으로 받아들이는 경우가 많음을 알게 된다. 어느 날 학교에서 만난 제자가 이런 말을 들려주었다.

"사귄 지 얼마 되지 않은 남자 친구가 키스를 하자고 하기에 아직은 준비가 되지 않아서 거절했어요. 그랬더니 '여자의 내숭? 속으로는 좋으면서 튕긴다'고 말했다고 한다. 그리고 '나를 사랑하지 않는구나. 우리 헤어지자' 하는 거예요. 키스 거절했다고 자기를 사랑하지 않는다니, 말이 되나요?"

나는 그 제자의 말을 듣고, 아직도 많은 남자들이 여성의 No를 있는 그대로 받아들이지 않고 그 뒤에 숨은 뜻이 있다고 생각하는 경향이 있음을 알았다. 남자들의 No는 그대로 받아들이면서 여자의 No는 있는 그대로 받아들이지 않는, 아니 어쩌면 No 자체를 인정하지 않는 경향 말이다.

연인이든 가족이든 사회생활에서든 우리가 명심해야 할 것은, 여성들의 No 역시 100% No가 분명하다는 사실이다. 여자와 남자의 언어 사용이 같음을 인정할 때, 비로소 평등한 관계가 시작된다. 더불어, 여성들의 성적 표현도 자연스럽게 받아들여지고 인정받아야 한다. 여자들은 상대 파트너를 좋아해도 사랑한다고 말하지 못한다. 물론 일부일 수도 있겠지만 성적 스킨십을 먼저 원하면 여성스럽지 못하다고 해석하는 일부 남성도 있기 때문이다. '헤픈 여자'라고 보거나 남자 경험이 많은 여자로 치부하는 경우도 종종 있다. 여성의 No를 다르게 생각하고 내숭으로 받아들이는 성문화도 문제지만, 여성의 성적 결정권을 있는 그대로 받아들이지 않는 성문화도 마찬가지로 건강하지 못한 문화다.

• 설거지하는 남자가 많아졌다고 성평등한 걸까?

우리 사회에서 넓게 퍼져 있는 뚜렷한 남녀의 성역할은 누가 만들었고, 또 누가 공고히 하고 있을까? 요즘은 과거에 비해 일하는 여성이 늘어났고 이에 따라 집안일도 부부가 공평하게 하는 집안이 많아졌다. 또 맞벌이 부부는 물론이고, 여성이 육아를 위해 전업 주부로 있더라도 남성이 집안일을 분담하거나 육아에 참여하는 일이 마땅한 일로 받아들여진다. 그러면 이처럼 설거지하는 남편이 늘어나고, 육아에 참여하는 남편이 늘어났다고 남녀 간, 부부간 성평등지수가 같아졌을까? 양성 평등이 어느 정도 이루어졌을까?

2022년 현재 대한민국의 성평등지수는 OECD 152개 국가 중 100위 안에도 들어가지 못하는 수준이다. 게다가 젠더 기반 인권의 문제 역시 지속적으로 꼴찌 수준이다. 성평등지수는 유엔개발계획(UNDP, United Nations Development Programme)이 각국의 성 불평등성을 측정하기 위해 2010년 도입한 지수다. 성평등지수를 가늠하는 척도는 생식 건강, 여성 권한, 노동 참여 등 3개 영역이며 수치는 0에서 1로 나타낸다. 0이면 완전 평등한 상태, 1이면 완전 불평등한 상태를 의미한다. 또한 세계경제포럼(WEF)이 2018년에 발표한 젠더 격차 보고서(Global Gender Gap Report)에서 한국은 115위, 중국은 103위였다. 이는 2013년의 111위보다 2계단 하락한 수치다.

우리는 일상에서 집안일의 소중함과 바깥일의 귀중함을 모두 잘 알고 있다. 두 일 모두 경중을 따질 수 없는 귀한 노동이다. 성평등 문제와 젠더 문제 역시 전 세계적인 이슈로 대두된 지 오래다. 그러나 여전히 커플들이 평등하게 만나고 평등하게 살아가는 것은 쉽지 않은 일이다. 흔히 남자도 설거지를 하고 청소기도 돌리니까 집안의 양성평등이 어느 정도 이루어졌다고 착각하지만, 우리 사회의 양성평등은 아직은 요원한 상태다. 우리가 젠더 감수성을 높이고 성평등 사회로 나아가야 할 이유다. 이를 놓친다면 젠더 기반의 인권 문제는 지속적으로 꼴찌 수준을 벗어나지 못할 것이다.

• 가족 대신 자기 자신을 선택한 사람들

2022년, '가족'의 결속력은 힘을 잃어가고 있다. 결혼도 출산도 하지 않겠다는 2030세대들의 발언은 더 이상 '그냥' 해보는 말이 아닌 것 같다. 가정을 이루고 아이를 기르는 것을 포기하면 얻는 것이 더 많다고 생각하는 사람들도 점차 늘어난다. 젊은 세대는 가족 부양이라는 부담으로 인생을 힘들게 사는 대신, 자기 자신을 위해 더 많이 여행하고 더 많이 소비하고 더 즐겁게 살 수 있는 인생을 꿈꾼다.

그들은 결혼을 하고 아이를 낳는 순간부터 너무나 많은 책임과 의무가 주어지는 현실을 달가워하지 않는다. 육아, 사교육, 가족에 대한 감정노동도 원하지 않는다. 효율과 경제의 측면에서 보면 이들의 눈에 결혼은 매우 불합리한 일처럼 보인다.

독립적인 생활을 추구하는 여성이라 할지라도 결혼한 여성은 결국 가사와 육아의 책임에서 자유롭지 않을 것이다. 아름다운 미시족, 자아실현을 추구하는 멋진 여성상이 부상했지만 가정에서도 일터에서도 여전히 부차적인 존재가 되기 쉽다는 것을 알기에, 군이 가정을 이룰 필요가 없다고 생각하는 것이다.

• 2022년의 젠더 문제와 성평등 정책

2022년 3월 9일 치러진 20대 대통령선거에서 가장 주목할 부분은 젠더 이슈일 것이다. 의도했든 아니든, 거대 양당의 대선 후보들은 남성과 여성을 '갈라치면서' 대선을 치렀다. 선거 기간 중에 양당의 후보들이 내놓은 정책을 보면서 나는 여전히 우리 사회가 젠더 감수성, 양성 평등에서 멀리 떨어져 있다는 생각을 떨칠 수가 없었다.

당시 야당의 후보(지금은 대통령에 당선된)는 온라인 커뮤니티의 게시글을 두 차례 공유했다. "페미니즘을 깨야 그 속에 숨어 있는 청년 문제가 보인다". "광기의 페미니즘을 멈추면 상대 후보를 기쁜 마음으로 찍겠다"라는 내용이 포함된 글이었다. 유력 대선 주자가 특정 성별에 적의를 드러내는 커뮤니티의 게시글을 공유하는 것은 부적절하다는 지적이 나오자 윤 후보는 '청년들의 절규를 전하고 싶었다', '그 글에 동의하지 않지만, 이런 주장을 하는 사람이 있으니 최소한 외면은 말자는 차원'이었다는 취지로 해명했다.

저출생 이야기를 하던 윤 후보는 "페미니즘이 너무 정치적으로 악용되어 남녀 간의 건전한 교제를 정서적으로 막는다"라는 논리도 펼쳤다. 페미니즘 탓에 이성 교제가 이뤄지지 않고 저출생으로 이어진다는 주장으로 읽었다. 여성가족부가 남성을 차별한다는 인식으로 여가부를 폐지하겠다고도 했다. 젠더 폭력과 성범죄를 바라보는 방식이 참으로 안타깝다.

그런가 하면 여당의 후보도 젠더 이슈로 남녀를 갈라치는 상대 후보의 발언을 적극적으로 비판하지 않음으로써, 대선 기간 내내 젠더 이슈를 정면 돌파하지 않고 에둘러 가는 행보를 보여주었다. 한 후보는 여성과 남성을 적대적 관계로 몰아감으로써 젠더 문제를 이슈화했고, 한 후보는 이에 대해 적극적인 태도를 보이지 않고 경계선을 탐으로써 한 발 비껴갔다. 결국 20대 대선에서 젠더 문제의 본질은 사라지고 성평등 정책은 죽은 채로 선거가 끝나고 말았다.

남성이 차별받을지도 모른다는 불안감, 남성이 잠재적 범죄자라는 용어에서 느끼는 억울함을 대변해준 두 대선 후보는 끊이지 않는 성범죄와 교제 살인에 대해서는 어떤 목소리를 냈을까? 이러한 젠더 폭력 범죄에 대한 근절 의지와 강력한 대책을 표명하는 목소리는 전혀 없었다. 남녀 갈등과 차별의 문제로 갈라져 갈등이 심화되고 있는 지금, 여성 정책이나 젠더 이슈에 대한 의미조차 모르는 사람들도 너무나 많다. 아직도 가야 할 길이 멀어 보인다.

• 남자 일, 여자 일이란 따로 없다

미국의 심리학자 에이브러햄 매슬로(Abraham Maslow)는 인간의 욕구 중 자아실현의 욕구가 가장 상위에 있다고 말했다. 그런데 누군가는 자아실현이 가능한 일이 있어 그것에 몰입할 수 있지만, 누군가는 다른 사람을 위해 끊임없이 반복적인 노동만을 한다면 전혀 공평하지 않을 것이다. 남자들은 간혹 아이들과 놀아주기는 하지만 아이들의 행복을 위해 무슨 말을 해줄까? 또는 오늘 저녁 메뉴는 뭐로 할까? 시장 가서 오늘 반찬거리는 뭘로 살까? 하는 고민을 하지 않는다. 또는 집안의 대소사를 챙기고 가족의 스케줄을 관리하는 일 등은 당연하게 여성들이 해야 할 몫이라고 생각하고, 전혀 신경 쓰지 않는다. 그러나 남자 일, 여자 일은 따로 없다. 작은 일도 가족 안에서 서로 나누고 원활하게 소통하며 함께 해결해나갈 수 있도록 해야 한다.

양성평등은 이런 사소한 인식에서 출발한다. 여성은 여자라는 이유로 집안일을 잘해야 한다거나 현모양처를 꿈꾸어야 한다며 길들여진다. 그와 동일한 연장선상에서, 남성은 집안의 경제를 책임져야 한다거나 가장으로서의 의무를 오롯이 담당해야 하는 존재로 내몰리기도 한다. 이 두 가지 인식 모두 성평등의 관점에서는 잘못되었음을 인정해야만, 비로소 남자와 여자는 상대의 성을 있는 그대로 인정하고 받아들이게 될 것이다.

• NO와 Yes를 구분하자

아직은 여성에게 더 낮게 치우쳐 있는 성평등지수를 균형 있게 하려면, NO와 Yes를 명백히 구분하는 것에서부터 출발하자. 여성은 거절이 힘들어도 확실하게 거절의 의사를 밝히는 연습을 하고, 남성은 여성의 거절 의사를 있는 그대로의 No로 받아들이고 인정해주어야 한다.

평등한 만남과 평등한 이별. 말은 쉽지만 매우 어려운 일이다. 양성이 평등한 관계는 어느 한쪽의 노력만으로는 이루어지지 않는다. 젠더 권력을 버리고 평등한 관계를 위하여, 이제라도 서로 상대의 성을 있는 그대로 이해해주고 믿어주는 연습이 필요하다.

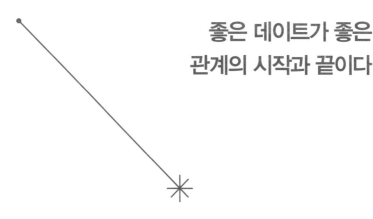

좋은 데이트가 좋은
관계의 시작과 끝이다

• 우리가 몰랐던 데이트의 정의

데이트라는 말은 커플들에겐 설레는 말일 것이다. 사전적 의미처럼 '서로 사랑하는 사람이 사귀려고 만나는 일 또는 그렇게 하기로 한 약속'이기 때문이다. 사랑하는 사이라면 당연히 데이트를 잘하고 싶을 것이다. 나 역시 학교에서 만난 20대 학생들과의 대화 속에서 자연스럽게, 젊은 사람들은 여전히 데이트에 대해 가슴 설레는 일이라는 환상을 가지고 있음을 알 수 있었다. 그러나 단어의 속뜻을 알게 되면 어떨까?

《뉴욕타임즈》, 《네이션》, 《필라델피아 인콰이어러 매거진》 등 다수의 매체에 글을 싣는 저널리스트 로빈 월쇼의 저서《그것은 썸도 데이트도 섹스도 아니다》(한국성폭력상담소 부설연구소 울림 옮김, 미디어 일다, 2015)에 따르면 "데이트란 굉장히 다른 기대를 갖도록 사회화된 두 사람을 은밀한 영역에서 애매한 상항에 처하게 하는 것"이다. 이 책을 계기로 나는 그저 '남녀가 만나 즐거운 시간을 갖는 것'이라는 의미만으로 알고 있었던 데이트라는 단어 속에 어떤 이야기가 숨어 있는지 살펴볼 필요가 있다고 생각했다.

이 책을 통해 데이트를 하고 있는 20대, 30대 연인들의 첫 데이트부터 시작해 성관계까지의 수많은 경험 사례를 볼 수 있었다. 그런데 '사랑하는 사람이 서로 좋아하는 사이에서 애매한 상황에 처하게 하는 것'이란 무슨 뜻인가? 우리는 좋아하는 사이에서 무슨 데이트 성폭력이냐고 반문해볼 수 있겠지만 진정 첫 키스의 날카로운 추억은 평생 간다. 첫 관계인 섹스를 어떤 상황에서 했는가가 평생 섹스에 대한 추억이나 트라우마로 남는다. 그래서 첫 관계가 매우 중요하고 어떤 상황에서 하는지가 매우 중요하다.

• 그들은 왜 데이트를 그렇게 정의했나

그렇다면 로빈 윌쇼는 어째서 데이트의 정의를 그렇게 규정했을까? 그리고 썸도 데이트도 섹스도 아니면 그렇다면 그것은 무엇이란 말인가?

나는 의외로 많은 상담을 통해서 데이트가 성폭력으로 변질된 사례를 많이 발견했다. 첫 키스의 달콤한 추억 같은 것이 고전적인 데이트의 정의라고 생각해왔던 것은 환상에 불과할 정도로, 많은 여성이 데이트에서 폭행을 당하거나 심지어는 살해당하는 일까지도 발생하기 때문이다. 좋아하는 사이에서 무슨 '데이트 성폭력'이냐고 반문하는 사람도 있겠지만 실상은 다르다. 진정 첫 키스, 첫 섹스를 원만하고 아름답게 치른 커플이 몇이나 되는지 알고 나면 우리가 생각하는 데이트는 판타지라는 것을 알게 될지도 모른다. '첫 관계를 어떻게 하였는가?'라는 질문에 대한 익명의 많은 답변을 보면서 많은 생각이 들었다.

> 저는 강간을 당한 느낌이었지만, 강간당했다는 사실을 깨닫지는 못했어요. 그저 저 자신이 마지못해 그 행위에 참여한 듯한 느낌이었다고 할까요. 사실 저는 그 남자보다도 저 자신을 탓했죠. 상대방이 마약을 먹이거나 때려서 여자를 쓰러뜨린 후 강간한 다음 살해했다는 것이 증명되기 전까지는, 여자한테 모든 책임이 있는 거라고 늘 생각해왔거든요. 사건이 일어난 밤에도, 고환을 발로 차거나 주먹으로 눈을 가격해서 그 남자애를 다치게 해도 된다는 식의 생각은 들지 않았어요. 최소한 착한 여자애는 그렇게 하지 않잖아요. 그 대신 일이 일어나도록 가만히 놔두고 결과에 순응해야 하지요.

《그것은 썸도 데이트도 섹스도 아니다》에 실린 한 여성의 사례담은, 데이트가 우리가 생각하는 것처럼 상호 협의로 이루어지는 일도, 사랑과 존중이 담긴 행위도 아닐 수 있음을 짐작케 해준다. 이 경험담은 낯선 사람에 의한 데이트 폭력이 더 흔할 것이라는 세간의 편견과는 달리, 실제로는 아는 사람에 의한 데이트 폭력 피해가 더 많이 발생한다는 것을 증명해주었다.

저는 그 남자애가 자기 방에 오라는 게 그냥 딴 데서 놀자는 의미인 줄만 알았어요. 당연히 그 방에 다른 사람도 있을 거라 생각했죠. 그런데 알고 보니 그 방에는 아무도 없었고, 그걸 알았을 때는 어떻게 할 방법이 없는 것 같았어요.

우리는 키스를 했고 얼마 안 있어 그 남자애가 제 옷을 벗기기 시작했어요. 저는 계속 그만하라고 하면서 울었죠. 저한테 해코지를 할까 무서웠어요. 그 애가 한 손으로 제 얼굴을 막았는데, 키 157센티미터에 50킬로그램 정도의 체구인 저로서는 그때 아무런 선택권이 없었어요. 그 이후 저는 제 남친이 내게 저지른 일을 부모님한테 얘기할 수 없었어요. 그걸 말하는 순간 제가 남친과 섹스를 하는 사이였다는 게 알려질 거고, 부모님 눈에는 제가 강간을 당하는 것보다도 순결을 잃은 게 더 나쁜 일로 보일 테니까요. 같은 이유로 경찰서에도 갈 엄두를 못 냈죠. 더군다나 제가 신고를 하기라도 하면, 또래 친구를 감옥에 보냈다고 다른 친구들이 곧바로 저랑 절교할 것만 같았습니다. 다 떠나서 저 자신도 그런 일이 일어났다는 걸 믿을 수 없는데 누가 저를 믿어주겠어요?

또 다른 사례도 우리가 생각하는 데이트의 환상과는 전혀 일치하지 않는다. 위 사례자의 경험담처럼 여자의 저항은 남자 입장에서는 상당히 미약해 보일 가능성이 크다. 이는 대개의 여성이 자신의 의사를 강하게 표현하지 않고 늘 조용히 예의를 지켜 최대한 물의를 일으키지 않도록, 나아가 다른 사람을 거절하거나 그의 기분을 상하게 만들지 않도록 사회화된 것과 관련이 있다.

• 제대로 데이트하기 위하여

이 책은 '아는 사람에 의한 강간(Acquaintance Rape)에 관해 알아야 할 모든 것'이라는 부제가 말해주듯, 낯선 사람에 의한 성폭력보다는 아는 사람에 의한 성폭력 피해가 훨씬 크다는 것을 사례와 조사로 알려준다. 데이트 강간이나 아는 사람에 의한 성폭력 문제를 해결하기 위해 사회 여러 부분에서 어떻게 대처해야 할지도 명확하고 분명하게 알려주며, 또한 피해자가 딸이나 아내나 동료 혹은 가까운 학교 친구 등 가까운 사이일 때 생존자를 지원하고 돕는 방법에 대해서도 상세히 알아야 한다고 강조한다. 물론 피해 예방과 사후 대처 방법에 대해서도 자세히 설명해주고 있다.

학과 수업에서, 나는 젊은 대학생들에게 《그것은 썸도 데이트도 섹스도 아니다》의 내용을 발췌해서 멋진 데이트를 위한 11가지 지침 내용을 알려준다.

- 절대로 여성에게 성관계를 강요하지 마라.
- 여성이 성관계에 압박감을 느끼지 않도록 주의하라.
- 항상 깨어 있어라. 자신을 지키기 위해서라도 반드시 깨어 있어야 하듯 남자들도 마찬가지로 깨어 있어야 한다.
- 취한 여성은 강간을 당할 만하다는 통념을 믿지 마라.
- 친구가 당신에게 성행위에 동참하라고 제안해도 결코 가담하지 마라.
- 이른바 섹스하는 것을 성공적인 만남으로 착각하지 마라.

- 상대 여성이 무엇을 원하는지 안다고 짐작하지 마라. 또한 당신이 무엇을 원하는지에 대해 상대 여성이 안다고도 생각하지 마라.
- No는 말 그대로 '안 돼'를 의미한다. No와 Yes는 있는 그대로 믿어야 한다.
- 상대가 이중적인 메시지를 보내고 있다는 느낌이 들면 거리낌 없이 말하라.
- 서로 소통이 잘되어야 한다. 여성들과 소통하라.
- 다른 남성들과 소통하라.

위에 소개한 11가지 사랑의 룰을 지키며 멋진 데이트를 한다면, 서로 존중하고 배려하면서 멋지고 성공적인 데이트를 하는 데 도움이 되리라 본다.

• 성적 자기 결정권을 침해하는 순간 데이트 폭력이다

데이트 폭력의 가해자로 지목된 사람의 경우, 자신의 성적 행동에 대한 상대의 반응이 이해되지 않는다고 토로해오는 경우가 의외로 많다. 그들은 억울한 심경을 내비치며, 서로 좋아해서 성적 표현을 하려는 것인데 왜 그것이 폭력이 되느냐고 항변한다. 그러나 아무리 사랑한다 해도 상대가 성관계를 완강히 거절하는 의사를 표시했다면, 당연히 더 이상 성적인 행동을 이어가서는 안 된다.

상대의 거절 의사를 무시하는 행위는 그 자체로 상대의 성적 자기결정권을 무시하는 행위가 된다. 성적 자기결정권이란 '개인이 사회적 관행이나 타인에 의해 강요받거나 지배받지 않으면서, 자신의 의지나 판단에 따라 자율적이고 책임 있게 자신의 성적 행동을 결정하고 선택할 권리'를 말한다. 따라서 이 권리를 무시하고 벌어지는 모든 성적인 행위는 전적으로 '폭력'이 된다. 아무리 서로 좋아하는 사이라 해도 당연하다. 데이트가 어찌하여 쉽게 데이트 폭력으로 이어질 수 있는지, 그 경계에 대한 학습이 없다면 함께 서로 사랑하면서 친밀감을 나누는 연인 사이에서도 쉽사리 폭력에 해당하는 행동을 할 수 있음을 알아야 한다.

최근에는 데이트하는 연인 사이뿐 아니라 부부 사이에서도 강간이 성립 가능하다는 판례가 늘어나고 있다. 이는 성적 자기결정권에 대한 영역이 얼마만큼 확대되고 있는지 보여주는 단적인 사례다. 또한 2021년 4월 20일, 스토킹 범죄의 처벌과 스토킹 피해자의 보호를 위해 제정된 법률인 '스토킹 처벌법'이 제정되어 2021년 10월 21일부터 시행되었다. '열 번 찍어 안 넘어가는 나무 없다'라는 속담은 이제 통하지 않는 시대가 되었다.

데이트 성폭력은 우리 사회에서 끊이지 않는 사회면의 뉴스이며, 이슈가 된 지 오래다. 데이트 폭력은 어디까지나 성적 자기결정권에 대한 침해이자 침범이며, 물리적인 힘이 들어갔다면 말할 것도 없이 성폭행이다. 물리적 힘을 행사할 정도라면 그것은 사랑의 행위가 아니고 광적인 집착이다.

연인 사이에 완강히 거절하면 남자친구가 상처를 받을까 봐 거절하기 힘들어하는 여성도 있다. 정신적인 억압은 물리적인 힘보다도 여성에게는 더 큰 부담으로 다가오기 때문이다. 여성은 확실한 거부 표시를 하는 훈련을 하고, 남성은 여성의 거절 의사를 충분히 받아들일 때 바람직한 연애도, 평등한 관계도 가능하다는 사실을 남녀 모두 알아야 할 것이다. 남성과 여성, 서로가 충분히 신뢰하는 관계로 발전하는 것이 무엇보다 중요하다는 사실을 남녀 모두 알아야 한다.

또 때로는 서로 성적 순결이 지켜졌을 때 신뢰가 오히려 깊어질 수 있다는 사실도 생각해볼 일이다. 진정한 성 의식을 성숙시키기 위해서는 책임의식도 필요한데, 혼전순결에 얽매이지 않으면서도 성에 관한 책임의식을 가지고 건전한 성문화를 만들어가는 일은 그 자체로 매우 가치 있는 일임을 알았으면 한다.

건전한 성 의식을 배양하기 위해서는 양성평등과 인간 존중이 바탕이 되는 성평등 교육이 수반되어야 한다. 성 의식의 개방과 성에 대한 성숙은 전혀 다른 문제다. 성 의식이 개방된 지금, 상대방을 배려하지 않는 일방적인 성관계가 되지 않도록 성 의식 태도에 대한 참된 교육과 진정한 고민이 절실히 필요한 때다.

커플이 함께하면
좋은 활동

• 함께라서 더 아름다운 커플

커플은 함께할 때 더욱 아름답다. 젠더 권력을 모두 내려놓고 평등한 관계에서 함께 한평생을 함께한다면 얼마나 좋겠는가? 서로 사랑해서 만난 커플이라면 서로가 함께하는 소소한 모든 일상 속에서 배려하고 존중하며 평등하게 살아가길 바랄 것이다. 그렇지만 실제로 그렇게 노력하며 살아가는 것은 분명 쉽지 않은 일이다. 함께할 수 있는 아름답고 좋은 활동에는 어떤 것들이 있을까?

참 세월이 빠르다. 나의 결혼 생활도 어느새 31년이 되었다. 남편과 다소 나이 차이가 나다 보니 함께 다니다 보면 나이 차이 때문에 취미가 잘 맞느냐고 묻는 이들도 있다. 또 나는 시민운동과 관련된 활동을 하는데, 남편의 친구나 주변인들은 보수적인 사람들이 많다 보니 함께 잘 사는 것이 연구대상이라는 말을 듣기도 한다. 또 주변에서 농담처럼, 여자는 남편에게 당연히 존댓말을 해야 하지 않느냐, 그게 당연하지 않느냐고 말하는 지인들도 있다.

그러나 호칭은 부부가 서로 합의해서, 다양한 호칭 중 서로가 좋은 것으로 각자 부르고 싶고 듣고 싶은 것으로 결정하면 될 듯하다. 보통은 '여보', '당신'으로 많이들 부르겠지만, 진정 사랑으로 맺어진 부부 관계라면 호칭이나 나이 차이 등은 그리 중요하지 않을 것이다.

나이가 들어가면서, 나도 최근에는 인생을 함께하는 가장 가까운 남편과 무엇을 함께하면 좋을지 고민하게 된다. 함께 드라이브도 다니고, 맛집도 다니고, 친하게 지내는 커플 부부와 같이 여행도 다니는 등 함께하려는 노력을 하고 있다. 또 일상 속에서 무엇이 서로를 돈독하게 만들어주고 사랑을 지속하게 해줄지, 새로운 사랑 방법을 생각하며 살고 있다. 인생은 그리 길지 않으며, 꾸준히 함께하며 서로 좋은 부부 관계를 유지하기에도 짧기 때문이다.

서로를 더욱 돈독하게 만들어주는 방법들은 찾아보면 참 많이 있다. 그렇지만 또한 서로 노력도 반드시 필요하다. 요즘에는 주변에서도 커플 요가부터 부부 댄스, 등산, 또 다양한 운동 등 여러 가지 활동을 함께하고자 노력하는 부부들을 많이 볼 수 있다.

• 요가부터 댄스, 자전거까지

오래전부터 이웃으로 잘 알고 지내는 한 부부는 커플 요가를 하면서 몸과 마음의 균형을 되찾게 된 것 같다며 커플 운동으로는 최고라고 말했다. 함께 호흡하며 교감하는 커플 운동은 혼자 하는 운동보다 효과가 더 높다고 한다. 서로에게 의지한 채 동작을 하다 보면 몸의 밸런스에도 도움이 되고, 함께해야 가능한 자세는 평소에 잘 쓰지 않는 근육을 사용하는 데 효과적이며, 자연스러운 스킨십으로 친밀감과 애정지수도 높여줄 수 있다고 한다. 커플 요가는 서로에게 맞추고 상대방에게 의지해야 하는 동작들을 하면서 신뢰감을 쌓을 수 있고, 심리적 안정에도 효과적이라고 볼 수 있다.

커플 댄스를 하는 지인은 신나는 음악에 몸을 맡기고 커플 댄스를 추는 것도 좋은 운동이 될 수 있다며 강력 추천했다. 춤을 잘 추는 것은 중요하지 않다면서, 못 추면 못 추는 대로 서로의 눈을 바라보며 마주 잡은 손에 행복을 느끼고 스트레스까지 날릴 수 있다는 것이다. 실제로 커플 댄스를 추면 행복을 느끼는 호르몬인 세로토닌, 엔도르핀의 분비가 활발해져 정서적으로 긍정적인 효과를 준다고 한다. 또 함께 커플 댄스를 배우면, 동작을 익히고 학습해야 하기 때문에 기억력 향상에 도움이 되며, 칼로리 소모도 높아 즐거운 부부 취미 생활이 될 수 있다.

또 커플 자전거를 활용하는 부부들도 늘고 있다. 날씨 좋은 봄이 오면 커플 자전거를 타보는 건 어떨까? 다이어트도 되고 데이트도 하고 일석이조가 될 것이다. 자전거는 유산소 운동으로 하체의 근력, 근지구력 향상과 함께 심폐 지구력 향상에도 도움을 준다고 하지 않은가? 산과 들, 풍경 좋은 곳으로 둘이 함께 바람을 가르며 스트레스 해소도 하고 즐거운 추억도 만들기 위해 계획을 짜보는 것도 좋은 활동이 될 것이다.

• 함께하면 좋은 '나 메시지' 전달 화법

부부끼리 얼마나 많은 대화를 나누고 있는가? 함께하는 커플 활동에 이어 건강한 부부 대화법도 서로가 함께 실천하면 더욱 좋은 관계를 유지시켜줄 수 있다. 최근 인구보건복지협회 자료에서 전국 기혼 남녀 1,002명을 대상으로 하루 평균 대화 시간이 어느 정도인지 조사한 결과를 참고하면, 32.9%로 가장 많은 응답을 차지한 것이 '30분~1시간'이라는 대답이었다. 그 뒤를 이어 '10~30분'과 '10분 미만'이 각각 29.8%, 8.6%를 차지하여, 총 38.4%의 부부가 하루 30분도 대화를 나누지 않는다는 결과를 보였다.

부부간에는 대화의 시간도 중요하지만, 건강한 대화법도 중요하다. 때로는 사소한 말 한마디가 큰 싸움으로 번지기도 하기 때문이다. 가장 가까운 사이이기 때문에 서로에 대한 배려가 더욱 필요하기도 하다. 그러면 서로를 존중하고 배려하는 부부가 되기 위한 대화법은 무엇일까?

먼저 서로를 존중하는 호칭을 사용하는 것이 건강한 대화법의 시작이라고 볼 수 있다. 상대방을 무시하는 듯한, '야', '너' 등의 호칭을 사용하면서 서로를 존중하는 말이 오가기는 힘들다. 가장 일반적으로 사용되며 존중과 애정이 담긴 '여보'나 '당신' 같은 호칭을 사용하거나, 서로 원하는 호칭을 정해서 불러주는 것이 좋다. 특히 아이가 있는 부부라면 호칭에 더욱 주의하는 것이 좋다. 아이는 부모의 거울이라는 말이 있듯이, 아이는 부모가 하는 행동이나 대화를 듣고 따라 하기 때문에, 대화를 할 때에도 항상 유념해야 한다.

서로가 더 좋은 관계를 위해 서로의 마음을 공감해주고, 상대방의 마음을 진심으로 헤아리고 배려하는 역지사지의 마음, 서로의 입장에서 생각해보는 것도 꼭 필요하다. 같은 말이라도 어떤 식으로 했을 때 상대방이 상처받지 않을지 생각하고, 상대방이 이 이야기를 들었을 때 어떤 기분일지 스스로에게 질문해본 뒤에 이야기하는 것도 좋다. 대화를 나눌 때 상대방에게 공감하고 있다는 것을 알려주는 것이다. "내가 이렇게 행동해서 당신이 이렇게 느꼈을 것 같아요. 그래서 당신은 지금 이런 기분일 거라고 생각해요"와 같이 구체적으로 전하면, 상대방의 입장에서 어떤 기분일지 이해하기 위해 노력하고 있다는 것이 느껴질 것이다.

내 생각을 전하는 의견 표현은 많은 사람들이 하고 있다. 그러다 상대방과 다투게 되면 "너 때문에 이렇게 된 거잖아!"와 같이 상대방을 탓하고 질책하게 되는 경우가 많은데, 상대방을 주어로 질책하게 되면 그 말을 듣는 상대방은 비난과 추궁을 받는 느낌이 들어 방어 태세를 보이게 된다고 한다. 그러므로 '나'를 중심으로 하는 '나 메시지' 전달 화법을 사용해본다면 변화를 느낄 수 있을 것이다. 이는 '나'를 주어로 표현하는 말하기 방법으로, "나는 네가 ○○했을 때 △△했다. 왜냐하면 너의 말(또는 행동)은 내 감정을 ~하게 만들었기 때문이다"처럼 말하는 것이다. 이 방법은 상대방의 행동을 비난하지 않으면서 자신의 진실한 마음과 감정을 드러내 줄 수 있는 장점이 있다고 한다. 또 상대방에게 나를 더 잘 알릴 수 있게 되어, 결과적으로 상대방이 정직하게 마음을 열 수 있도록 용기를 주게 된다고 한다. 사실 이런 대화법도 많은 이에게 이미 잘 알려진 것들이다. 중요한 것은 실천이다.

• 실천하지 않으면 소용없다

서로 다른 부부가 만나, 배려를 행동으로 실천하기는 쉬운 일이 아니다. 그러나 서로 다름을 빌미로 누군가의 희생을 요구하는 불평등은 폭력의 다른 모습이다. 또한 오늘날에는 고정적이고 전형적인 남성, 여성의 개념보다 한 인간 안에는 남성성과 여성성이 동시에 존재하고 있다는 개념으로 인간에 대한 이해가 바뀌고 있다. 또한 인간이 처한 상황에서 남성과 여성이 어떻게 적응하는가에 대한 관심과 성에 대한 의식, 즉 성에 대한 쉐마(Schema)가 어떻게 각 문화에서 형성되었고 그러한 쉐마가 우리에게 어떻게 영향을 주고 있는가에 관심이 모아지고 있다.

이처럼 부부를 비롯하여 남성과 여성의 성 역할의 변화에 대한 관심이 커지고 있지만, 모든 사람들이 이러한 추세를 따라가는 것은 아니다. 아직도 각 문화권에서 남성과 여성에 기대하는 행동들이 있는데, 이에 대한 기대와 생각이 일치한다면 서로 간에 정확한 의사소통이 이루어지겠지만, 그렇지 못한 경우에는 혼돈을 느끼거나, 때로는 이상한 행동을 한다거나 비도덕적이라고 낙인을 찍고 찍히는 경우도 발생한다. 예를 들어 남성이 여성처럼 치마를 입고 다니거나 수다를 떨면 부정적인 평가를 받을 수 있고, 여성이 술자리에서 남성처럼 옷을 벗어 던지고 술을 마시면 행실이 좋지 않은 여자라는 낙인이 찍힌다.

즉 우리는 오랜 기간에 걸쳐 우리 문화에서 살아온 남성과 여성에 대한 고정관념이나 편견은 하루아침에 변하거나 무너지는 것은 아니다. 그러나 이제는 바꾸어야 할 시기이다. 서로의 개인적인 성 정체성을 인정하면서, 사랑하는 커플 간에도 각자의 영역을 존중하고 배려하는 더 좋은 많은 활동들이 늘어가길 기대해본다.

여성다움, 남성다움의
신화는 잊어라!

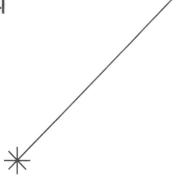

• "여성은 왜 예뻐야 하는 거죠?"

'탈코'라는 말을 들어본 적이 있는가? '탈코르셋(Corset-Free Movement)'을 의미하는 이 말은 여성의 신체를 옥죄는 코르셋을 벗어던지자는 의미로, 사회에서 '여성스럽다'고 정의해온 것들을 거부하는 선언이자 운동이다. 구체적으로는 짙은 화장이나 렌즈, 긴 생머리, 과도한 다이어트 등을 거부하는 행위를 말한다.

이에 대한 생각은 다양할 것이다. 꼭 그렇게 탈코 운동을 해야 하는가 생각할 수도 있겠지만, 세상은 변하고 있다. 요즈음은 남자도 화장하는 시대라고 하지만, 그래도 여전히 여성은 예뻐야 한다는 신화가 깊이 뿌리 내리고 있다. '탈코'는 이런 인식에서 출발했다. 여성다움이나 여성스러움에 대한 신화를 벗어던지고, 더 나아가 여성과 남성의 이분법을 넘어서자는 선언인 셈이다.

2021년 도쿄 올림픽을 보면 예전과는 다른 것을 느낄 수 있었다. 양궁에서 금메달을 차지한 안산 선수는 짧게 자른 숏커트가 트레이드 마크였다. 진중하고 침착한 안산 선수의 성격만큼이나 그의 숏커트는 많은 팬들에게 깊은 인상을 주기에 충분했다.

그런데 일부 네티즌들은 안산 선수의 헤어스타일을 두고 말들을 지어내기 시작했다. 머리가 짧다고 혹시 '페미(급진적인 페미니스트를 부르는 용어로, 진정한 성평등주의자가 아닌 사회적으로 왜곡된 시선의 페미니스트를 일컫는 말) 아니냐'부터, 남자들을 무시하는 여자라는 근거 없는 비방까지 하는 경우도 있었다. 이는 우리 사회가 규정하는 여성성과 남성성의 잣대가 얼마나 건강하지 못한지 방증하는 단적인 사례였다.

우리는 '예쁜 여자는 미운 짓을 해도 용서가 되지만 못생긴 여자는 뭘 해도 용서받지 못한다'라는 농담 속에 존재하는 뼈를 알고 있다. 이것이 재미나 농담으로만 들리지 않는 것은, 실제로 여성의 외모가 사회적으로 대우받고 인정받는 데 아주 중요한 요소로 작용하고 있고, 여성의 '예쁜 얼굴'과 '날씬한 몸매'는 이 사회를 살아가는 생존의 전략이 되고 있기 때문이다. 이는 사회에 남성이 선호하는 기준의 외모와 이상적 기준에 맞게 가꾸어진 육체의 아름다움을 통해야만 여성이 존재 가치를 발휘하고 이를 이용해 사회적인 인정과 보상을 받을 수 있다는 왜곡된 신호를 주기도 한다.

역사적 변천 과정과 함께 여성의 몸에 대한 기준은 변화해왔지만, 여성의 외적 미모와 신체적인 몸매가 여성을 평가하는 중요한 요소로 작용하는 비중은 오히려 점점 높아져가고 있는 것이다. 가

날프면서 서구적인 여성의 몸매를 추구하는 다이어트 열풍과 성형수술에 대한 수요 등으로 이는 충분히 확인할 수 있다. 그러나 여성의 미의 기준은 누가 만든 것인가?

지금과 같은 신자유주의·자본주의 체제 속에서 돈이면 안 되는 것이 없다. 사람들 사이에 공기처럼 스며 있는 힘과 권력의 지형도 또한 무시할 수가 없다. 그렇기에 모든 것이 누구의 관점에서 해석되는가를 보아야 그 실체를 알 수 있다.

다이어트를 위시한 미의 기준 역시 힘 있는 남성들의 관점에서 해석되고 기준이 잡히며, 자본가들은 그것을 돈이 되는 사업으로 만들어간다. 이처럼 여성성과 예쁘다는 기준이 어떻게 만들어지는지를 직시한다면, 성적으로 주체적인 삶을 살아가야 한다는 것이 비로소 이해될 것이다.

• 여성다움을 나타내는 요소는 여성의 외모?

나는 남자아이 둘을 키우면서 자연 생태교육 차원에서 아이들을 주로 산과 들로 데리고 다니며 양육했다. 또한 아이들이 원하는 장소를 찾아 아이들에게 맞추다 보니 축구장이나 야구장을 많이 다니기도 했다.

내 아이들은 어릴 적에 자신들과 같이 놀고 있는 엄마를 가리켜 "우리 엄마는 여자 아니에요"라고 다른 사람들에게 소개한 적이 있다. 운동도 잘하고 사회생활도 남자처럼 씩씩하게 하는 내가 아이들 눈에는 여성스럽지 않다고 느껴졌을 것이다. 아이들뿐만 아니라 성인들도 주변에 휘둘리지 않고 강한 고집으로 현재를 살아가는 나의 이미지를 무서운 여성이라거나 강하고 센 여자라고 인식하는 경우가 많았다.

이처럼 기계적인 여성다움과 남성다움의 기준은 우리 사회가 아직도 가부장제에 깊이 기울어 있으며 여전히 성 평등하지 않다는 증거이기도 하다. 우리나라 유리천장지수(직장 내 여성 차별 수준을 평가해 발표하는 지수)가 OECD 국가 중 꼴찌 수준이라는 통계를 보아도, 아직은 우리가 살아가는 세상이 성 평등하지 않다는 사실은 분명하다.

최근에 여성들의 교육 수준이 높아지고, 사회 진출이 늘어나고 활발해지면서 여성들의 자아실현 욕구도 커지고 있다. 그런데 그와 함께 여성에게 요구되는 외모에 대한 완벽하고 이상적인 사회적 기준 역시 점점 더 여성들에게 강하게 부과되고 있다. 이에 따라 이러한 기준에 도달하려는 여성들의 외모 가꾸기에 대한 관심과 노력도 더욱 치열해지고 있는 것이 현실이다.

많은 사람들이 여성들에게는 선천적으로 자신의 얼굴과 몸을 꾸미는 아름다움에 대한 본능적인 욕구가 있는 것처럼 인식하고 이야기하지만, 이는 태어나면서부터 본래적으로 주어진 것이라기보다는 여성들이 사회 안에서 여자로 길러지고 만들어지는 과정 속에서 자연스럽게 요구되어 내면화된 것이다.

• 여성이 성적 대상화에서 인간으로 존엄한 존재로

여성의 외모는 우리 사회에서 여자다움을 나타내는 가장 중요한 요소로 간주되어왔다. 이상적 여성성의 구성에서 가장 중요한 부분이 바로 외모이며, 특히 근대 이후 생겨난 '낭만적 연애'의 각본에서도 여성의 매력을 구성하는 것은 무엇보다도 뛰어난 외모가 중심이 되었다.

따라서 여성은 자신의 존재 가치를 확인하는 방편으로 '여자로서의 매력'이 남성의 눈에 띄기를 갈망하고, 외모를 중심으로 다른 여성들과 경쟁 관계에 놓이게 된다고 보는 경우가 많다. 외모지상주의에 물들지 않았다 해도, 보편적으로 이런 사회 속에서 외모를 중요하게 생각할 수밖에 없게 된다는 것이다. 그 속에서 여성에게 '예쁜 얼굴'과 '날씬한 몸매'가 갖는 압도적인 의미에 부합하고자, 얼굴을 가꾸고 다이어트 등에 많은 시간과 에너지를 투자하는 이들이 생길 수밖에 없다.

한편 남성의 성적 욕구와 표출을 정당화하는 문화는 여성을 대등하고 인격적인 존재로서가 아니라 남성의 성적인 욕구와 흥미를 충족시키는 대상으로서만 여기게 한다. 결국 여성은 성적 욕구의 대상인 몸으로 쉽게 환원되어 간주된다.

물론 성애적인 남녀 관계에서 서로를 성적인 대상으로 바라보게 되는 것은 당연하지만, 문제는 남성들이 여성을 남성과 똑같은 인간적인 권리와 존엄성을 가진 존재가 아니라 남성의 성적인 욕망을 충족시키는 도구로 여기고, 그렇게 상대한다는 것이다.

• 왜 자본주의는 여성성을 강조하는가?

여성다움이나 남성다움에 대한 환상은 이제 잊어버리자. 신자유주의가 부추기는 놀음에 휘둘리지 않고 성적으로 주체적인 삶을 살아가길 바란다.

돈이면 안 되는 것이 없는 세상이다. 자본주의가 여성을 상품으로 보는 이유는 간단하다. 물질만능주의는 돈만 있으면 예쁜 여자도 구매할 수 있다는 위험한 생각을 만들어내기 때문이다. 그와 함께 여성은 예뻐야 한다며, 예쁘기 위해서 필요한 성형수술과 다이어트 열풍으로 온 나라가 뜨겁다. 먹방이 유행하며 잘 먹으라고 하더니, 그다음에는 다이어트하라고 난리다.

잘 놀고, 잘 먹고, 그러면서도 날씬해야 아름다운 여성이고, 그래야만 살아가기 편한 세상이 되었다. 멋진 여성이라면 각종 화장품을 사야 하고, 패션의 유행에 따라 세련된 옷을 입어야 한다며 대중매체와 광고주들은 매체와 미디어를 이용해 광고를 쏟아붓는다. 신자유주의는 인간으로서 우리가 왜 살아가는지, 존엄성과 삶의 의미와 가치는 뒤로하고 여성을 은밀하게 세뇌시키며 상품화하는 것은 물론, 더 많은 소비를 하도록 부추기고 있다.

이런 문화 속에서 살아가지만 우리는 각자의 성 정체성을 찾고, 중심을 잡으며 인간성을 지키도록 노력하고, 아름다운 사랑을 하면서 살아가면 된다. 서로 다름을 인정하고 다양성을 인정하며 인간으로서의 자유로운 삶을 추구하는 노력이 필요하다.

• 사랑하는 사람부터 성평등이 어우러진 삶

코로나19 이후 삶을 더 팍팍하게 느끼는 사람들이 늘어나고 있다고 한다. 그러한 상황이기에 사랑이 더 절실한 것은 아닐까 싶다. 이럴 때일수록 '불안, 걱정, 미움, 분노, 슬픔, 공허함'이라는 낱말은 어제로 남겨두고 '사랑, 행복, 웃음, 안부, 친구, 사랑'의 단어들로 오늘을 채워갔으면 한다.

언제 만나도 마음 편안한 사랑하는 사람과 따뜻하게 품어주는 가족을 찾는 까닭은 바로 거기에서 우리가 힘을 얻을 수 있기 때문일 것이다. 매일 수고한 우리에게, 목표와 성취에 그림자처럼 따라붙는 불안이나 걱정에 시달린 우리들에게 사랑만이 편안한 휴식을 안겨주기 때문이다.

한편으로 어떻게 보면 코로나가 만들어낸 피해의 격차 중 재난의 젠더 격차는 더욱 심각하게 보인다. 마치 가벼운 상처라도 현미경으로 들여다보면 엄청나게 많은 세균이 보이는 것처럼, 코로나 바이러스는 그간 존재하던 젠더 격차를 더욱 자세히 보여주었다.

그렇지만 이제는 남성만이 생계부양자이자 정규 노동자이며, 여성은 결혼하여 남성에게 의탁하거나 가정에서 보살핌과 가사를 전담하는 돌봄의 '주노동자' 또는 '예비 인력'이라는 자본주의와 가부장제의 견고한 각본에서 벗어나자. 그래서 성평등한 세상을 만들어 가면서 나아가자.

우리 삶을 이끄는 것은 사랑과 어우러진 맑은 사랑의 영혼일 것이기 때문이다. 모두가 배려와 존중 속에서 인간적인 대우를 받으면서, 건강하게 사랑하고 건강하게 이별을 받아들이는 행복한 세상을 만들 수 있도록, 아름다운 사랑으로 세상을 바꾸어내도록 다시 리부트해보자.

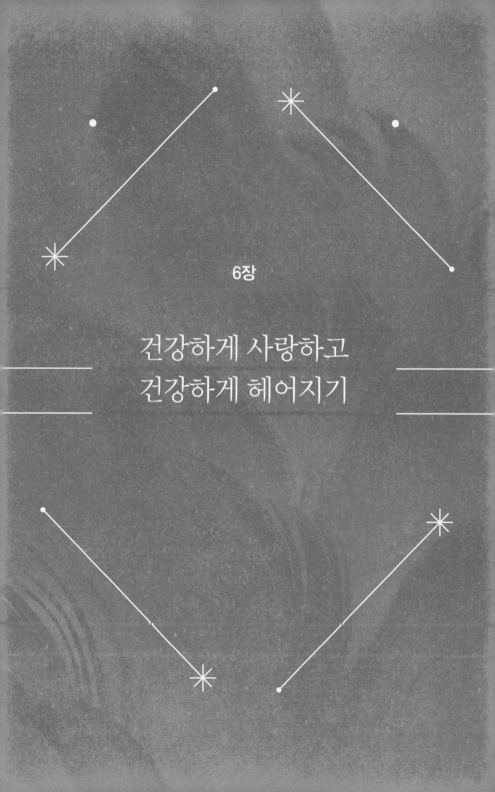

6장

건강하게 사랑하고
건강하게 헤어지기

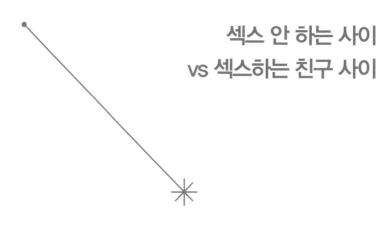

섹스 안 하는 사이
vs 섹스하는 친구 사이

• 친구와는 섹스할 수 있을까? 없을까?

사랑을 원한다면 모르겠지만, 사랑할 마음이 없고 우정만을 원한
다면 친구 사이에서 신체적인 접촉은 주의해야 할 문제이다. 친구
사이가 사랑으로 변하기는 쉽다. 우정이 사랑으로 변화되어 친구
같은 연인이 될 수는 있지만, 연인이 다시 친구 사이로 되돌아가
좋은 우정을 유지하기란 참으로 어렵기 때문이다.

친구와 지속적인 우정을 쌓을 것인지 아니면 사랑으로 갈 것인
지는 신중하게 결정해야 한다. 우정이 분명하다면 성 행동으로 넘
어가지 않도록 서로 조심하며 경계선을 분명하게 해야 한다. 친구
와의 섹스는 어떻게 거절해야 할까? 친구와 섹스하는 사이와 안
하는 사이는 어떻게 구분해야 할까? 친구에서 갑자기 성적인 느
낌을 느끼고 비로소 사랑이라는 생각이 드는 경우가 있다. 내가 학
교에서 만난 한 여학생은 교회 청년부에 있는 남자 선배를 오랫동

안 좋아해왔다고 한다. 평소 여학생들이 많이 따르는 그 선배와 단지 선후배로서 친하게 지냈지만, 지난여름 학교행사에 참석했을 때 그것이 사랑이었음을 깨닫게 됐다. 쉬는 시간 중에 잠시 바람을 쐬러 나온 그녀는 별이 빛나는 밤에 취해 잠시 벤치에 앉아 밤하늘을 보고 있었다. 그때 남자 선배도 나와서 나란히 옆에 앉아 같이 밤하늘을 보며 이런저런 이야기를 나누었는데, 어느 순간 그 선배가 그녀의 볼에 키스를 하곤 아무 말 없이 가버렸다. 갑작스런 키스에 당황해서 어쩔 줄 몰랐던 그녀는 그 선배가 들어가고 난 다음 혼자 남아 곰곰이 생각했다고 한다. 그동안 내가 선배를 좋아했던 것이 이성적인 마음이었던 걸까? 나에게 잘 대해주던 그 선배 역시 나를 여자로 보고 있었나? 그가 여자들에게 인기가 좋은 것 때문에 겉으로 표현을 하지 않았던 것일까?

그 밤을 이런저런 혼란스런 감정으로 보낸 뒤 그녀는 자신도 놀라울 정도로 마음가짐과 태도가 달라졌다고 한다. 그를 더 이상 단순한 선배가 아니라 이성으로 바라보고 대하게 된 것이다. 그 후로 둘은 친밀한 연인이 되었고, 지금까지 뜨거운 사랑을 하면서 잘 지내고 있다고 한다. 이처럼 어느 한쪽이 이성에게 성적인 의사를 전달하고 다른 한쪽이 이를 받아들이면서 사랑으로 넘어가는 경우를 흔히 보게 된다. 이때 성적 표현이란 반드시 섹스만을 의미하는 것은 아니다. 상대에게 이성을 느끼게 하는 눈길이나 손을 잡는 것, 어깨를 만지고 허리를 휘어 감는 등 신체적 접촉은 물론 대화까지를 포함하는 말이다. 또 두 사람이 상당히 깊은 관계에 있을 때에만 성적인 표현이 일어나는 것도 아니다. 깊은 관계 없이 이성 간에 우정의 표현으로 나타날 수도 있고, 아니면 서로 더 친밀해지자는 뜻에서 다른 행동이 나올 수도 있다.

• 사랑과 우정은 분명히 구별해야 한다

한 남성이 평소 가까이 지내던 여자친구에게 '사랑하는 사이가 되고 싶다'고 말했는데 그 여성이 미소를 지으며 허리를 살짝 꼬집었다고 한다. 그녀가 자신의 사랑을 그런 식으로 받아들였고, 두 사람은 이후 뜨거운 연인 관계로 발전하여 불같은 사랑을 하게 되었다. 이렇게 다양한 방법으로 사람들은 사랑을 시작한다. 하지만 사랑과 우정은 분명히 구분해야 할 일이다.

사랑이 없는 관계에서는 서로 가볍게 포옹해도 별 느낌이 없지만, 사랑을 품고 있는 상태에서는 손끝만 스쳐도 가슴이 설레는 게 사실이다. 또한 성적인 표현은 사랑을 느끼게 하고 확신을 주며 두 사람 사이를 더욱 가깝게 만드는 묘약이다. 사람들은 자신의 남성다움/여성다움을 표현하기 위해 적극적으로 성적 표현을 하기도 하고, 어떤 경우에는 자신의 불안감을 해소하기 위해서 등 다양한 동기에서 성적인 표현을 한다. 그러나 때로는 서로의 생각이 달라 갈등이 일어나기도 한다. 연인이라 해도 성관계에 이르기까지 무수한 갈등과 싸움을 하다가 갈라서는 일도 많은 것이 사실이다. 옛날에는 순결 이데올로기로 인해 연애에서 키스 이상은 상상도 하지 못했던 이들도 있지만, 요즘 신세대들은 교제하면서 자유롭게 성관계를 누리고 있는 경우도 많다. 그러나 다른 한편으로는 스스로 자제할 수 없어 겁이 날 때가 많다는 상담을 해오기도 한다. 살다 보면 종종 자신이 무엇을 원하는지 분명히 알기 힘든 상태에서 일이 벌어지는 경우가 많기 때문이다.

성 행동에 대한 결정은 스스로 고민한 끝에 얻어내야 한다. 그런데 대부분이 이미 존재하고 있는 룰(가정, 사회, 종교 룰)에 따라 성적인 행동을 한다. 어떤 이들은 아예 가이드라인을 가지고 있지 않은 채 아무런 룰도 없이 혼돈 속에서 성행동을 한다. 그러나 성에 대해 내가 얼마나 중요한 의미를 부여하고 있는지, 그리고 그 생각에 따라 행동하는지 판단하는 것은 매우 중요한 일이다.

• 사랑 행동에는 룰이 있어야 한다

사랑 행동에 대한 룰이 없는 상태에서는 섹스도 생각 없이 쉽게 일어난다. 섹스까지 하고도 사랑인지 아닌지 헷갈려 하기도 한다. 그래서 룰을 정하는 것은 나에게 가장 가치 있고 의미 있는 것이 무엇인지 한 번쯤 생각해보는 계기가 된다. 만약 섹스까지 갔을 때 그 상황이 나의 자의식에 어떤 영향을 주게 될지, 즉 친구와의 섹스가 나를 더 긍정적으로 변화시킬 것인지 아니면 부정적으로 변화시킬 것인지에 대해 신중하게 생각해보아야 한다.

언젠가 수업 시간에 한참을 사귀던 사람과 관계를 끊고자 할 때 어떻게 의사를 전달할 것인지에 대한 토론했던 적이 있었다. 대부분의 학생들이, 거절을 당하게 될 입장이라면 상대방이 분명한 태도를 보여주기를 바랐다. "네가 나와 관계를 지속하고 싶어 하는 걸 알지만, 나는 너와 앞으로는 그런 관계를 지속할 수 없다는 결론을 내렸어"라는 식으로 분명하게 입장을 정리해주면 좋겠다는 것이 대부분의 의견이었다. 하지만 거부당하는 사람보다 거부하는 입장에서는 미안함, 죄의식, 불확실함, 불안함, 어색함 등의 감정을 더 많이 느낀다는 연구 결과도 있다. 그렇기에 분명하게 말하기 어려워하는 경우가 많다. 그렇다고 질질 끌려다니는 것은 더욱 옳지 않으며, 결국은 양쪽 모두에게 불이익이고 상대에게 더 큰 상처만 입히는 일이다. 확실한 의사를 밝혀 깨끗하게 정리하는 것이 당장은 힘들지 몰라도 여러모로 유익하다.

건강하게 사랑하고 쿨하게 헤어지자. 명확한 거절이 두 사람의 관계를 깨끗하게 만들 수 있다. 우정이냐 사랑이냐의 경계선에서 혼란을 겪는 사람들이 많다. 친구와 우정을 꼭 지키고 싶다면 더더욱 성 행동은 금물이다. 사랑과 우정 사이에서 친구로서 우정으로 오래가길 원한다면 서로가 분명하게 경계를 지켜야 할 것이다. 그렇기에 처음부터 경계선이나 룰이 필요하고, 그것을 정하지 않고 만나다 보면 더욱 힘들어지는 상황이 될 수 있다.

그리고 거부당하는 쪽은 분노나 화를 느끼는 경우가 많을 것이다. 그럴 때도 자기 가치를 인정하고 씁쓸함을 되새기지 말아야 한다. 거절은 하기도 쉽지 않지만 당한 사람에게는 더욱 상처가 되고 힘든 일이다. 거절하고 거절당하면서 아무렇지 않기를 바라는 건 잘못이다. 좋지 않은 감정이 일어나는 것은 당연하다. 따라서 시간이 필요하고, 이를 인정하는 것도 필요하다.

서로 사랑하는 사람끼리 데이트를 하게 되면 성적인 매력을 느끼고 성관계를 갖고 싶어 하는 것은 당연하다. 그런데 사랑과 우정 사이에서, 좋아하긴 하지만 성행동에는 확신이 없다면, 아직은 안 된다는 마음이 든다면 솔직하게 이유를 설명하자. 성관계를 지연함으로 얻는 장점도 있다. 서로 친숙해지고 신뢰가 성립될 때까지 기다리고, 두 사람의 가치관이 서로 잘 맞는 것을 확인할 때까지 기다리다 보면 그 데이트 과정이 관계를 고양시켜줄 수도 있고, 두 사람의 자아개념에 긍정적으로 작용하게 된다.

• 깊이 생각하고 자유롭게 사랑하라

요즘 젊은 커플들에게 하고 싶은 말은 성행동에 있어 좀 더 깊이 생각하고, 자유롭고 건강하게 사랑하며, 쿨하게 헤어지고 행복한 삶을 찾으라는 것이다. 요즘 젊은 친구들을 보면 어제의 애인도 오늘은 친구가 되고, 두 남녀의 관계가 친구에서 순식간에 연인이 되기도 하고 오빠였다가 애인이 되기도 한다. 이런 상황에서 가끔 자신의 감정 때문에 혼란을 겪는 이들도 많아 보인다. 그렇기에 친구와 연인을 구분하고, 사랑과 우정의 경계선에서 혼란스럽지 않도록 자기만의 룰을 정해 실천해야만 섹스와 관련된 문제는 물론 관계 자체도 분명해지리라 본다. 우정과 사랑의 구분을 명확히 해야 사랑으로 가슴 아파하며 휘둘리는 시간을 줄일 수 있을 것이다.

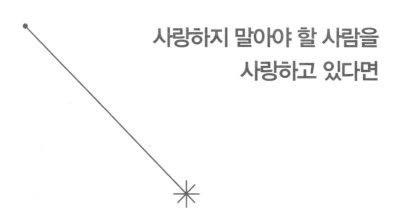

사랑하지 말아야 할 사람을
사랑하고 있다면

• 혼외 관계로 흔들리는 결혼제도

'사랑은 움직이는 것'이라고 했던가. 가끔은 사랑하는 관계나 커플들이 상대의 움직이는 사랑 때문에 힘들고 흔들리는 경우가 있다. 인간의 역사에서 사랑은 최대 최고의 관심거리이며, 이를 둘러싸고 일어날 수 있는 문제들은 동서고금을 막론하고 끊임없이 이어져왔다. 특히 연애 시절 삼각관계부터 결혼 후 외도까지, 두 사람 외의 다른 사람이 개입될 때 나타나는 문제들은 사랑하는 사이에서 벌어지는 문제 중 가장 민감한 부분이다. 관련된 당사자는 물론 주위 사람에게도 사랑의 깊이만큼 상처를 주는 문제이기도 하다.

사랑과 성에 관련된 문제를 다룰 때 먼저 우리나라의 성문화와 사회적인 전통을 생각하지 않을 수 없다. 이도에 관한 문제는 다른 문제와는 달리 개인적인 차원을 넘어 결혼이라는 사회 제도적인 테두리 안에서 법적인 제재를 받는 것이기 때문이다. 우리나라의 경우 간통죄로 인한 처벌은 폐지되었지만 혼외 관계로 인한 혼인 파탄에 대한 법적인 책임 문제는 남아 있다.

역사적으로 혼외 남녀 관계는 왕족에서부터 평민 노예에 이르기까지 어느 계층을 막론하고 존재해왔으며 남존여비 사상이 짙은 부계 중심 사회에서는 언제나 남자에게 유리하게 전개되고 해석된 측면이 강하다. 즉 남자의 외도는 묵인되고 여자의 외도는 징계의 대상이 되어왔던 것이다. 여성의 사회 진출이 늘어나고 여권이 신장되면서 현대에 이르러서는 이러한 과거의 잣대가 많이 달라졌다고는 하나, 그래도 여전히 외도의 문제에서 남녀가 같은 기준으로 평가받기는 힘든 실정이다. 이는 혼외 관계에 직접 개입된 여성 자신의 문제뿐 아니라 사회 전반에 깔린 의식구조와 사회제도에서 기인하는 것이기도 하다.

여기서는 심리학적인 차원에서 그리고 사회 전반적인 결혼 시스템과 관련한 개인의 입장에서 집중적으로 혼외 관계를 살펴보고자 한다. 즉 혼외 관계에 관련된 사람들이 사랑에 대한 자신의 확고한 신념을 바탕으로 혼외 관계에 대해 진지하게 생각해보고, 또 자신의 진정한 행복과 상대방의 발전을 위해 이성적이고 냉철한 결정을 할 수 있는 기회가 필요하다고 본다.

• 애인 없으면 부족하고 모자르다?

외도란 혼인한 사람이 배우자끼리 나눌 수 있는 정신적, 육체적인 사랑을 배우자가 아닌 사람과 나누는 혼외 관계를 통상적으로 부르는 말이다. '혼외 관계'라는 단어는 부정적인 의미를 내포하고 있으며 우리나라에서는 주로 결혼한 남자들이 피우는 '바람'과 가장 긴밀하게 연결되어 있다. 소설이나 영화에서는 때때로 '불륜'이 더없이 아름다운 사랑으로 묘사되기도 하고, 드물게는 사랑이 없는 결혼 생활을 벗어나려고 시도하는 도전이자 용기 있는 사람의 선택으로 평가되는 경우도 있지만, 우리나라 사람 대다수는 가정을 파괴하고 사회질서를 혼란스럽게 하는 부정한 행동으로 보는 입장이다.

우선 옳고 그름의 차원을 떠나 현상적 차원에서 외도를 있는 그대로 보자. 2015년 〈서울신문〉은 온라인 리서치 회사인 마크로밀 엠브레인과 함께 불륜에 관한 여론조사를 진행한 바 있다. 이 조사에서는 설문 응답자의 간통 경험률(24.2%)을 적용해 국내 불륜 인구 규모를 추산했다. 그 결과 기혼자 2,000명 가운데 '간통 경험이 있다'고 응답한 사람은 모두 484명으로 24.2%에 달했다. 특징적인 점은 40대 36.6%, 50대가 51.6%로 연령이 높아질수록 불륜 경험도 높아졌다는 점이다. (〈2015 불륜 리포트〉 기혼자 24%·월급 700만 원 이상 52% '외도'… 불륜의 통계", 〈서울신문〉, 2015. 9. 13.)

실제 혼외 관계에 있는 사람들의 불륜은 우리 생각보다 훨씬 많으리라 짐작한다. '애인 없으면 바보? 장애 3급?'이라는 농담이 우스갯소리로 퍼져 있을 정도이니 말이다. 애인이 없으면 무능한 사람으로 취급하고, 애인 정도는 있어야 능력 있는 사람으로 취급하는 것은 우리 사회의 그릇된 인식을 보여주는 한 단면이다. 직장인들이 흔히 말하는 '오피스 애인'이라는 말 또한 맞벌이 커플이 많아지면서 늘어난 현상의 하나다. 집보다 직장에서 보내는 시간이 많아지면서 배우자보다 더 자주 만나고 더 일상을 많이 공유하다 보니 정서적 공감이 더 크다는 사람도 늘어나고 있다. 이는 반드시 육체적인 관계가 아닐지라도 부부나 커플 사이에서 부족한 정서와 마음을 메워주는 역할을 다른 관계에서 찾고 있다는 방증일지도 모른다. 이러한 사회 분위기가 애인 또는 혼외 관계를 심각할 정도로 생각하지 않는 우리 사회 문화를 만들지 않았나 하는 생각도 든다.

〈킨제이 보고서〉(1953)에 따르면 미국의 경우 결혼한 남성의 약 50%, 결혼한 여성의 25%가 혼외 관계 경험이 있다고 한다. 또한 남자의 경우 주로 25세 미만에 외도를 하고 여자는 35~40대에 외도를 한다고 조사 발표했다. 그런가 하면 이 보고서가 나온 지 50년이 지난 80년대에도 남녀가 같은 비율로 외도를 한다고 보고하였다. 〈킨제이 보고서〉는 외도가 증가하는 사회적 원인을 다음의 4가지로 분석했다.

- 종교의 위상과 영향력의 약화 및 도덕적 규범의 약화
- 여성의 늘어난 사회 진출과 다양해진 직업
- 돈 많은 사람의 증가(부자일수록 외도 비율이 높다)
- 여성의 성에 관한 지식 증가(여성의 성 지식과 외도 비율은 비례한다)

위의 조사는 사회적 배경이 다르고 사랑과 결혼에 대한 가치관이 다른 미국의 통계자료이므로 우리나라와 거리감이 약간 있지만, 우리나라도 외도에 대한 이유는 다양하게 나타나고 있다. 한편 서양에서도 외도를 하나의 사회과학적 연구 주제로 삼고 현실에 근거하여 다루고 있으며, 이런 문제와 관련하여 고통에 처한 사람들을 위한 프로그램도 활발하다고 한다.

다양한 이유와 상황 속에서 사람은 외도에 빠질 수 있다. 남녀가 매일매일 사랑하고 행복하기는 힘든 일이다. 가끔은 싸우기도 하고, 갈등이 생길 수도 있다. 그때의 고비를 잘 넘기기 위해 무엇을 준비하면 좋을까? 사랑이라는 기본 바탕 위에서 성 심리 등 성에 관해서는 아는 만큼 보인다. 힘들고 지치는 밋밋한 생활 속에서 활력소를 만들어주는 일들도 여러 가지 방법이 있을 수 있다. 그런 노력이 사랑이 만들어져가는 과정일 것이다.

• 늘 사랑에 실패한다면

남녀 관계에서 처음 만났을 때의 신선함을 계속 유지하기란 현실적으로 불가능하다. 관계에 익숙해지고 서로에 대해 많이 알아갈수록 신선함보다는 편안함, 안정감이 더 큰 자리를 차지하게 되는 게 사실이다. 오히려 신선함에 집착하는 것이 스트레스를 주는 일이 된다.

그러나 편안함, 안정감과 권태는 다르다. 상대방에게 너무 식상한 사람이 되어버리면 이성으로서의 매력도 없어진다. 따라서 자신이 너무 피곤하거나 힘들 때는 차라리 만나지 말고 각자의 시간을 갖는 일도 때로는 필요하다. 그리움을 갖는 것이 사랑에 활력을 줄 수 있고 더 좋은 관계를 만들어갈 수 있다. 그리고 만났을 때는 기분 좋게 싱싱한 대화를 시도하자.

며칠 전 상담을 하러 온 내담자는 오자마자 한숨을 내쉬며 한탄을 했다. 자기의 사랑은 매번 왜 이렇게 고달픈지 모르겠다는 것이다. 그녀는 착하고 인내심이 강했으며, 그녀를 아껴주는 사람들도 많았다. 그러나 그녀가 사랑하는 사람은 실패를 거듭하거나 비뚤어져가면서 항상 그녀에게 고통을 안겨주었다. 커플이 되었으면서도 스스로를 자학하고 그녀를 학대했다. 그녀는 그런 상대를 인내하고 고통을 감수하다가, 참다 참다 묻는다. '나의 사랑은 왜 항상 이 모양이고 이렇게 힘든 걸까?'

그녀는 어린 시절을 불행하게 보냈다. 계부의 그늘 아래에서 우울한 사춘기를 보낸 그녀는 무의식적으로 자신의 인생에는 행복이 없을 것이란 생각을 늘 가지고 있었다. 그래서 자신에게 행복을 안겨줄 것 같은 정상적인 사람이 오면 애써 자신도 모르게 피했다. 왠지 그 사람을 사랑하면 안 될 것 같은 강박관념이 알게 모르게 그녀를 사로잡았던 것이다. 그래서 그녀는 늘 '문제가 있는 사랑'을 선택했다. 유부남과 사랑에 빠지거나 또 성격적으로 나약하여 실패자의 길을 걷기 쉬운 불안정한 사람과 결혼을 했던 것이다.

그녀를 진정 사랑하고 보살펴줄 수 있는 사람을 놔두고 늘 잘못된 선택을 하면서 자신의 신세를 한탄하는 여주인공에게 사람들은 말한다. 당신이 그런 사랑을 선택했으니 어쩔 수 없다고. 이처럼 스스로 불행의 문을 여는 사람들이 현실에도 수없이 많다. 그런 소설 속의 주인공처럼 지금 힘든 사랑을 하고 있다면, 사랑으로 인해 기쁨과 행복보다는 괴로움을 더 많이 느끼고 있다면, 번번이 사랑에 실패해왔다면, 조용히 한번 돌이켜보자.

과연 나는 어떤 사랑을 하고 있는지. 늘 비슷한 사람을 사랑했는지, 늘 비슷한 문제의 고통을 겪었는지, 예전과 같은 유형의 사람을 원하는지, 새로운 유형의 사람을 원하는지. 조심스럽게 생각하면서 질문에 하나둘 답을 적어가다 보면 무엇이 문제인지 떠오를 것이다. 노트에 적어가며 곰곰이 풀어보기를 바란다. 그렇게 하다 보면 정답을 찾을 것이다. 반복되는 실패의 원인을 찾는다면 실패하지 않는 사랑으로 나아갈 수 있는 방법이 될 것이다.

• 사랑에 활력을 가져오는 저마다의 방법

다년간 성과 관련된 강의와 상담을 하다 보면 배우자의 외도, 즉 혼외 관계가 드러나 이혼을 하는 중년 부부를 만나게 된다. 그런가 하면 꼭 이혼까지는 아니더라도 밋밋한 생활에서 가끔은 일탈하고 무조건 떠나고 싶다는 부부들의 진심도 많이 접하게 된다. 물론 가끔 일탈을 꿈꿀 수는 있지만, 이를 실제 행동으로 옮기는 경우는 흔하지 않다. 어떤 이는 용기가 없어서, 또 어떤 이는 미지못해 그냥 사는 경우도 있을 것이다.

부부가 결혼해서 겪는 이런 번잡한 마찰은 또 그 성질이 까칠하고 묘해서 가까우면 가까울수록 더욱 빈번히 생겨나게 마련이다. 인생을 살면서 제일 가깝고 흉허물없이 지내야 할 부부 사이임에도 항상 갈등의 빗물이 고여 있는 것을 보면 부부 사이, 특히 중년의 갈등과 방황에 대한 해결점을 찾아내는 일이 절심함을 매번 느낀다.

사랑에 활력이 떨어졌다면, 혹시 다른 사람이 마음에 들어오기를 바란다면 지금 당장 당신의 남편이나 아내가 무슨 생각과 어떤 마음을 먹고 있으며 무엇을 꿈꾸고 있는지 물어보자. 처음에는 상대방에게 궁금할 것도 딱히 물어보고 싶은 것도 없어서 대화를 시작하기가 매우 힘이 들 것이다. 그러나 이왕 찾기로 마음먹고 나면, 상대의 일거수일투족이 다르게 보일 수 있다. 그리고 평소에 무심코 지나쳤던 상대의 행동이나 말투, 태도를 마음으로 주목하는 순간 어제의 상대방은 다른 사람으로 내 앞에 서 있게 될 것이다.

부부는 살다 보면 모든 것이 닮아가고 눈빛이나 행동만 보아도 알 수 있다고들 한다. 게다가 같이 아이를 키우면서 10년이 넘어가고 20년이 가까워오면 그런 생활이 습관처럼 굳어져 때로는 상대의 행동과 말에 가슴이 답답해질 때도 있고 화가 날 때도 있다. 이럴 때는 상대를 당장 다른 눈으로, 내 배우자가 아닌 한 사람의 여성이나 남성으로 바라보자.

내 곁에서 나이 들고 늙어가며, 같이 어려운 시간을 버티며 살아온 동반자로 보는 순간, 상대방에게서 느낀 권태로움은 고마움으로 바뀌고, 내가 상대에게 고마운 마음을 가지는 만큼 상대도 내 마음을 느낄 것이다. 관계의 회복은 바로 거기에서부터 시작된다.

• 다른 사람이 눈에 들어온다면?

존재하는 모든 것에는 흐름이 있다. 한 송이 꽃이라도 시간에 따라 아름다움이 달라지고, 그에 대한 우리의 시선이 변화한다. 사랑도 시간의 흐름과 함께 그 감정이나 형태가 달라지며 사랑에 기초를 둔 결혼 생활도 처음 같지 않은 것이 당연한 것이다. 사랑은 결혼 생활에 안정을 가져다주고 확신을 주지만, 안정이 지속되다 보면 권태감이 생기는 것도 어느 정도 자연스럽다. 그 과정에서 간혹 다른 이가 내 마음에 들어오기도 한다.

문제는 그러한 자연스러운 흐름을 받아들이는 태도이다. 어떤 태도는 사랑과 가정의 지속적 안정을 유지시키지만, 어떤 태도는 파탄을 가져다주기도 한다. 먼저 자신의 태도를 스스로 확실히 하고, 당신이 당사자 또는 상대방의 입장이라면 문제를 어떻게 해결했을까 하는 것에서부터 시작하자.

자꾸 마음이 바깥으로 향한다면 이를 다시 돌리려는 노력도 스스로 해야 한다. 만일 본인이 아닌 배우자의 마음이 바깥을 향한다면 배우자와 외도 상대자를 위한 최선책을 찾도록 노력해야 한다. 이때는 절대로 자기 위주로 판단하거나 충동에 의해 문제를 해결하려 해서는 안 된다.

살다 보면 누구나 가끔씩 흔들릴 때가 있다. 그러나 이혼을 할 마음이 아니라면 관계가 극한으로 치닫지 않도록 최선의 방법을 찾아야 할 것이다. 외롭고 쓸쓸하고 허전한 마음을 삭이지 못한다면 속을 털어놓을 수 있는 친구와 만나 이야기하거나, 아니면 전문가와 상담을 할 수도 있다. 비밀이 보장되니 안심하고 털어놓기를 바란다. 만일 따끈한 차 한잔을 나눌 대화 상대가 그립다면 자신의 오랜 파트너와 진심을 다해 대화하려는 노력을 적극적으로 기울이자. 처음의 마음으로, 연애하는 기분으로 상대를 대하기를 바란다.

• 그래도 안 되면 쿨하게 이별하라

지금 사랑하지 말아야 할 사람을 사랑하고 있다면 자신이 그 사랑에 빠진 원인을 찾아보자. 그리고 절대로 헤어지지 못하겠다면 치열하게 사랑하고, 지금의 상대를 놔주는 것도 한 방법이고 사랑이다. 어떤 이유로든 혼외 관계나 외도, 상대의 마음 떠남이 갈등의 원인이라면 방법을 찾아서 해결하고 가야 한다.

만약 노력했지만 안 될 경우 이혼하려고 마음먹었다면 깨끗이 이혼하라. 사랑이 움직이는 대로 가라고 상대를 놔주는 것도 사랑이기 때문이다. 하지만 '나는 죽어도 안 돼'라거나 기다릴 수 있다면 기다려줄 마음의 준비도 필요하다. 그러면서 상대가 왜 마음이 멀어졌는지 원인을 찾아 서서히 기다림의 시간을 가지며 대화로 풀어볼 수 있을 것이다. 그런 노력의 시간을 보내고도 여전하다면 쿨하게 이별을 준비하라.

살면서 우리는 사랑하는 사람과의 관계에서 만남과 이별을 경험할 수 있다. 서로가 함께하는 동안 배려하고 존중하며 진심을 다

한다면, 헤어지고자 할 때도 근본 원인이 무엇인지 찾아보고 서로에게 확인하면 될 것이다. 혹여 일상 속에서 공기처럼 스며들었던, 서로 불평등하게 만들었던 어떤 권력관계가 있지는 않았는지도 살펴보아야 한다. 이혼할 때 하더라도 할 말은 해야 하고, 그러고 난 후 아무리 노력해도 상대에 대한 믿음이 생기지 않는다면 쿨하고 멋지게 헤어지는 것도 삶의 한 방법이라 할 수 있다.

헤어짐도 또 다른 아름다운 만남을 위한 준비라고 볼 수 있다. 건강하게 사랑하고 건강하게 헤어지는 것 또한 멋진 인생의 일부이며 새로운 시작일 수도 있겠다고 생각해본다. 쿨하게 미련 없이 헤어지고, 여자라는 이유로 나약하거나 의존적이지 않는 삶을 향해 당당하게 걸어가자. 나의 또 다른 변화는 평등한 만남과 평등한 이별에서 시작될 수 있다.

잘 싸워야
행복하다

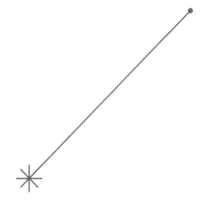

• 건강한 커플은 싸운다?

사랑할 때는 열정을 다해 사랑하지만 의견이 다를 때는 서로 발전적인 싸움도 필요하다. "우리 부부는 한 번도 싸운 적이 없어요"라고 자랑하는 커플도 있지만, 건강한 부부는 가끔은 다시는 안 볼 사이처럼 치열하게 논쟁하고 싸울 수도 있다. 사랑싸움은 불길을 이어줄 수도 있고 끊을 수도 있지만, 서로에게 관심이 없다면 아예 싸울 거리도 없다. 그런 커플이나 부부는 오래가지 못한다.

잘 싸우고도 건강하게 사는 부부도 많다. 흔들리지 않고 피는 꽃이 없듯이, 사랑도 가끔은 흔들릴 때가 있다. 그러나 중요한 것은 싸울 때 싸우더라도 그 싸움이 둘 사이를 갈라놓지 않아야 한다는 것이다. 간혹 부부간에 서로의 부탁이나 요청(성관계 요청까지 포함해서)을 받아주지 않는다고 싸우는 경우가 많은데, 이를 해결하는 과정을 얼마나 잘 풀어가느냐에 따라 커플의 행복이 좌우된다.

인생 전체를 통하여 성이야말로 우리 자신을 확인하게 하고 타인과의 관계에 있어서 자극제가 될 수 있는 중요한 근원(根源)이 되기도 하며 우리 삶에 있어서 어떤 문제를 결정짓고 밀고 나가는 힘, 즉 야심이나 그 성취를 향한 활력소도 되기 때문이다. 인간에게 성이 없었다면 온전한 자기 이해도 어렵고, 남에게 친근감이나 사랑을 느끼기도, 대인관계나 우정(友情)의 참뜻을 알기도 어려울 뿐 아니라 진정한 쾌락이 무엇인지도 몰랐을 것이다. 그러니 서로 의견이 갈렸을 때는 상대방의 의견을 존중하면서 서로 의견을 조율하듯 성에 관한 문제도 둘이 함께 해결점을 찾는 게 중요하다. 어떤 문제든 서로 합의하고 조율하면서 대화하고 이해하는 것이 필수다.

• "1년에 네 차례는 꼭 싸워요"

지인 부부 중에 정말 주기적으로 부부싸움을 하는 부부가 있다. 내가 알기로 1년에 4~5번은 꼭 크게 부부싸움을 한다. 싸우는 주제는 그때그때 다 달랐고 또 시소했다. 어떤 때는 산책을 나가는 장소를 가지고 서로 고집을 피우다 싸움이 불거지기도 했고, 또 어떤 때는 같이 뉴스를 보다가 서로의 정치적인 의견이 안 맞아 싸우기도 했다.

그날도 전화가 걸려왔다. 남편이 억지 주장(어디까지나 아내의 표현이다)을 펼치는 바람에 둘이 저녁 식사를 하러 나갔다가 크게 다투고 들어왔다는 얘기였다. 아내가 들려주는 이야기는 이러했다. 아내의 생일을 맞아 남편이 아내를 위해 아내가 원하는 메뉴의 식당을 예약하기로 했다. 그래서 잔뜩 기대를 안고 남편이 고른 맛집으로 갔는데 식당에서 파는 음식이 아내가 말했던 메뉴가 아니었단다. 아내는 근사한 파스타와 와인을 곁들인 이탈리아 레스토랑을 말했는데, 남편이 데리고 간 곳은 파스타와 피자, 햄버거까지 퓨전으로 파는 캐주얼한 식당이었다는 것이다.

아내는 그래도 생일인데 이렇게 대중적인 메뉴의 식당에 데리고 온 것이 마음에 안 들었고, 남편은 남편대로 기껏 오랜 시간 검색해서 맛집을 찾았는데 트집을 잡는 아내가 못마땅했다. 두 사람은 급기야 네 탓, 내 탓을 하다가 싸우고 말았고, 저녁이고 뭐고 집에나 가자며 뒤돌아서 나왔다고 했다.

나는 그 이야기를 듣고 웃음부터 났다. 결혼한 지 20년이 넘었는데도 신혼부부처럼 사는 것이 매우 행복해 보였기 때문이다. 내게 전화를 걸어온 아내는 남편 흉을 한참 보다가 급기야는 이렇게 결론을 내리고 말았다.

"어쩌겠어요? 천생이 세련된 사람이 아닌데. 그래도 자기 딴에는 생전 가지도 않는 파스타 집을 고르느라고 애썼을 텐데, 내가 풀어야죠, 뭐."

이들 부부는 예전처럼 바로 다음 날 냉전 아닌 냉전을 끝내고 두 사람이 모두 좋아하는 집 근처 소머리국밥 집으로 저녁밥을 먹으러 나간다고 내게 알려왔다. 싸우는 일 그 자체로 부부 사이에 금이 가는 일은 드물다. 살다 보면 싸울 일이 생기기 마련이니까.

그러나 싸운 뒤의 상태를 길게 가져가지 않는 게 무엇보다 중요하다. 그것이 제대로, 잘 싸우는 비결이자 행복을 잃지 않고 길게 유지하는 비결이다. 서로에 대한 이해와 존중하는 마음이 중요할 것이다.

• 싸울 때는 '주제'에 집중하라

우리는 내가 사랑받고 있다는 느낌이 들 때 행복하다. 반면 사소한 행동 하나에서 매우 서운한 감정이 들면 관계를 단번에 끝내고 싶어진다. 중요한 것은 커플 사이에 감정이 상하는 일이 생기더라도 이 일을 눈덩이처럼 키우고 확대해서 큰 싸움으로 번지지 않도록 하는 것이다.

가끔 싸움의 본질에서 벗어나 옛날 고릿적 얘기까지 꺼내 싸움을 크게 확대하는 사람들이 있다. 이런 식으로 싸움이 커지면 마지막까지 쓸어 담을 수 없는 일로 번지기 쉽다. 그러고는 애초에 무엇 때문에 싸웠는지는 사라지고, 싸움 그 자체에 몰두하게 되어 '싸움을 위한 싸움'이 되어버리고 만다. 이런 싸움은 승자도 패자도 없다. 주제에서 벗어난 싸움은 해결의 실마리를 찾기 힘들뿐더러, 감정의 골만 더 깊게 만든다. 잘 싸우고 잘 화해하는 일이 이처럼 어렵다.

살아가는 동안에 가끔은 상대가 마음에 들지 않더라도 사소한 싸움이 큰불로 번지지 않도록 조심하는 일은 늘 필요하다. 싸움을 지혜롭게 극복하고 그 이후 관계를 더 탄탄히 다지기 위해서는 주제에 집중하는 싸움, 제대로 된 싸움을 하기를 바란다. 그래야만 비로소 둘만의 추억이 쌓이고 싸움에 대한 면역력도 생길 것이다.

• 멋진 사랑을 만들기 위한 두 가지 팁

우리는 살면서 수많은 인간관계에 노출된다. 그러면서 인연을 맺고 산다. 그런데 그 수많은 인연 가운데 특히 사랑하는 사람과의 인연은 일순간에 180도 태도를 돌변하게 만들기도 한다. 하루 종일 상대의 얼굴이 눈에 떠오르고 상대에게서 눈을 뗄 수 없는 관계였던 사이도, 일순간 돌이킬 수 없는 악연으로 변하기도 하는 것이다. 좋은 인연을 지속시키고 열정적인 사랑의 관계를 유지하는 일은 그만큼 쉽지 않기 때문일 것이다.

그런 말도 있다. 결혼한 50대 여성들을 기준으로 5명 중 1명은 남편과 사랑하면서 살고, 1명은 친구처럼 살며, 1명은 단지 거주만 같이하는 관계로 산다고 한다. 나머지 1명은 원수같이 살고, 나머지 1명은 사별했거나 혼자 살고 있다고 한다.

나이 들어서까지도 여전히 멋진 사랑을 하며 상대에게서 서로 눈을 뗄 수 없는 관계를 유지하고 싶다면 같이 만나고, 또 같이 살고 있는 사람을 특별하게 대해보자. 그러려면 일반적인 시선이 아니라 빨려 들어가는 눈빛과 몸짓이 필요하다. 상대방이 얼마나 특별한 존재인지를 처음 데이트를 했을 때처럼 재현해보는 것은 어떨까?

고물가, 고유가로 코로나19 이후의 세상은 경제적으로 모두가 힘들다. 그렇게 지치고 힘든 나날일수록 생각을 바꾸고 긍정적 행동을 실천해보자. 불타버릴 듯 연애하던 시절의 사랑하는 관계로 돌아갈 수 있다. 사랑의 호르몬은 최고의 자연산 보약이며 유기농 보약이고 인생에서 얻어지는 최고의 보너스라는 것을 명심하자. 내가 상담하러 오는 이들에게 제안하는 '멋진 사랑을 만들기 위한 팁'은 다양하지만, 크게 두 가지를 이야기할 수 있다.

초심을 잃지 말아야 한다

여자는 사랑에 빠지면 입꼬리가 내려오지 않는다. 그리고 자주 웃는다. 그리고 몸에서 사랑의 호르몬이 분출된다고 한다. 즐거움을 느낄 때 나오는 엔도르핀이 만병의 통치약이라는 말이 있지만, 사랑할 때 분출되는 도파민이라는 호르몬은 삶의 모든 것에 큰 기쁨과 행복이라는 영향을 준다. 예를 들어서 우리나라에 햄버거가 처음 들어왔을 때 우리는 그 동그란 햄버거 빵을 먹으러 서울 한복판의 시내 명동으로 다들 찾아갔다. 그런데 지금은 그 햄버거가 평범하고 일상적인 먹거리에 지나지 않는다. 인간관계에서도, 하루종일 그 사람 얼굴만 떠올랐던 시절이 있지만 시간이 지나면 식상해진다. 그래서 초심을 잃지 말아야 한다.

사람과의 관계는 약간의 호감 단계, 콩깍지가 씐 단계, 그리고 하루종일 생각나는 단계 등 여러 단계가 있다. 그런데 어느 단계에 도달하면 더 이상 그런 열정이 식어가거나 없어진다. 따라서 초심을 잃지 않기 위해 저마다 노력을 기울여야 한다. 그런데 초심을 잃지 않는 것은 기술이자 훈련이기도 하다. 유명한 발레리나가 멋진 공연을 하기 위해서 연습실에서 계속 기본 동작을 숙지하는 것과 마찬가지다. 상대에게 처음 호감을 가졌을 때, 하루 종일 상대방의 얼굴을 떠올렸을 때의 그 시절 그 느낌을 다시 회상해야 한다. 쉽지 않은 일이지만 초심을 잃지 않는 것은 멋진 사랑을 만들기 위한 기본이다. 초심을 잃지 않는 태도는 연애뿐만 아니라 모든 인간관계, 사업이나 공부, 우정, 일 모두에 다 중요하겠지만, 특히 사랑에서만은 없어서는 안 될 필수 요소이다.

서로 거짓이 없어야 한다

데이트를 하게 되면 자라온 환경은 어땠는지, 가족관계는 어떤지 등 이런저런 것들에 관해 얘기하게 된다. 친구 관계는 어떤지, 즐겨 하는 취미는 무엇인지, 좋아하는 영화는 무엇인지 등 모든 것이 궁금하다. 이때 많은 사람들이 순간적인 판단을 잘못해 자신의 처지를 과장하거나 부풀리고, 더러는 거짓으로 말하기도 한다. 그런데 한 가지 거짓말은 또 다른 거짓말을 낳기 마련이다. 가족관계든 직업이든, 본인이 가진 자산이든 능력이든 더러는 단점이든, 무엇이든 간에 속이는 일은 절대 하지 말아야 한다. 처음부터 당당히 밝히고 시작하지 않는 연애는 오래가기 힘들다. 사랑하는 상대를 만나는 일에는 조금의 속임도 없어야 한다.

언젠가 신문에서 읽은 내용이다. 엘리트 출신에 괜찮은 직장에 다니던 A씨는 다니던 직장에서 해고되었고, 그래서 아침마다 고

시원으로 출근했다. A씨에게는 대출을 받아 산 아파트가 있었고 대출금 이자도 많이 나갔지만, 그 모든 A씨의 신변을 아내를 포함해 가족들은 하나도 모르고 있었다. A씨는 그 같은 거짓말이 오래 갈 수 없음을 알면서도 순간을 모면하기 위해 가족을 속였다. 그리고 그 속임수는 더 큰 불씨가 되어 A씨를 덮쳤다.

어느 경우든 자기 상황을 속여서는 안 된다. 상담을 하다 보면 상대에게 잘 보이기 위해 학벌을 속이고 만났다가 전전긍긍하는 사람을 간혹 보게 된다. 거짓 인생으로 사는 사람의 말로는 뻔하다.

또 다른 내담자 한 사람은 대학교 다닐 때 마이너스 통장을 너무 많이 썼다고 했다. 허영심이 강한 그는 여자친구에게 부잣집 아들처럼 보이려고 빚을 내 명품으로 치장했다. 졸업 후 탄탄한 회사에 취직했으면서도 씀씀이가 줄어들지 않아 마이너스 통장을 계속 사용했다. A씨는 마이너스 인생으로 살면서도 그것을 활용해서 여자친구를 만나고 결혼까지 했다. 결혼식도 최고급으로 치렀지만, 그 비용도 모두 마이너스 통장을 이용해 치렀다.

A씨는 결혼 이후에 아내가 그 빚을 다 갚아줄 것이라고 착각했다고 한다. 결국 숨겨왔던 돈 문제가 터지면서 A씨는 아내와 매일매일 경제적인 문제로 전쟁을 벌이며 지내게 되었고, 이 지루한 싸움이 언제 끝날지 모르겠다며 A씨는 사는 게 사는 것 같지 않다고 힘들어했다. 거짓말이 가져온 뻔한 말로이지 않은가? 그래서 진정성 있는 만남과 관계만이 좋은 사이로 오래갈 수 있다.

• 이런 상대라면 단호하게 헤어져라

싸우다 보면 서로가 죽이겠다고 윽박지르는 상대가 무서워 참고 사는 경우도 있을 것이다. 헤어지면 죽어버리겠다는 상대가 염려 스럽거나 너 없이는 의미 없다고 애원하는 상대가 측은하고 미안 하여 헤어지지 못하는 경우도 있다. 이렇게 신뢰감이 떨어진 커플 들은 헤어지고 싶지만 맘대로 되지 않는다.

이런 식으로 하루가 가고 한 달이 가고 1년, 2년 계속되는 관계 라면 당장 단호하게 헤어져라. 물론 폭력을 쓰는 남성은 제일 우선 순위로 헤어져야 할 사람이다. 폭력의 피해자가 흔히 하는 생각이, 살다 보면 바뀌겠지 하는 안일한 태도다. 내가 상대방을 좋은 쪽으 로 바꿀 수 있으리라는 확신 역시 마찬가지로 근거 없는 생각이다. 애석하게도 사람은 쉽사리 바뀌지 않을뿐더러, 지금까지의 행동 이 그렇다면 앞으로도 당신이 상대를 변화시킬 수 있으리라는 희 망은 일찌감치 버리는 게 좋다. 설사 1%의 가능성이 있다 하더라 도 그때까지 당신은 무한한 인내와 희생을 해야 할 것이다. 사랑이 인생의 절대적인 목표가 아닌 이상 대부분의 인생을 인내하며 살 아갈 수는 없는 일이다. 절대 쉽게 생각하지 마라.

이런 상대와는 헤어질 때도 '안전 이별'을 해야 한다. 이별을 전 할 때는 감정이 절제된 명확하고 확고한 문장으로, 되도록 짧게 헤 어지는 이유를 전달하라. 보통 범주의 사람이라면 당신이 걱정하 는 식의 난동을 부리거나 자살을 하는 등의 사고를 치지 않는다. '이 사람은 정말 자살도 할 수 있는 그런 사람이야'라고 생각하는 것은 대부분 착각일 가능성이 높다. 사랑을 하면서 상대를 남들과 다른 독특한 사람으로 보기 쉽지만, 사실 우리 대부분은 보통 범주의 사람이다. 그리고 냉정하게 객관적으로 보면 상대방 역시 그 범주 안에 있다는 것을 알 수 있다. 다만 당신의 파트너가 정신과 치료를 요하는 상태라면 혼자 애쓰기보다 주위의 도움을 얻어야 한다. 이런저런 이유로 갈등을 겪고 있다면 하루빨리 결정해야 한다.

• 잘 싸워야 잘 헤어진다

자기의 능력이나 경력, 경제적인 문제를 솔직하게 다 보여주는 사람만이 멋진 사랑에 도달할 수 있다. 처음에는 거짓으로 일관된 것들이 근사해 보일 수 있지만, 사랑하는 사람에게 보여주기식의 거짓으로 대한다면 그 커플의 말로는 뻔한 것이다. 신뢰감이 떨어지면 사랑은 지속하기 힘들고, 함께하기 힘들다. 거짓으로 만든 사랑은 하루빨리 쿨하게 헤어지는 것이 좋을 것이다. 여러 가지로 서로에게 힘들기만 할 것이다. 그렇기에 잘 싸우는 것도 능력이다. 그렇지 못한 경우 그 지옥 같은 굴레에서 벗어나기 힘들 것이다.

물론 잘 싸우는 것이 그리 쉬운 일은 아니다. 싸움은 기술이고 전략이기 때문에, 싸울 때는 서로에게 힘들지 않게 전략을 짜야 하지만, 그렇게 하기는 쉽지 않다. 하지만 서로에게 상처 주고 진흙탕 싸움을 만들거나 이혼에까지 이르지 않으려면 성낼도 살 싸워야 한다. 쉽진 않겠지만, 이성적으로 감정을 다스리도록 노력하고, 때로는 부부 상담 전문가에게 상담을 받는 등의 방법도 필요하다.

뜨거운 사랑,
쿨한 이별

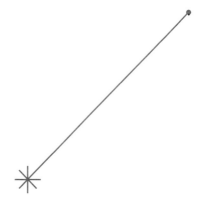

• 성욕 저하, 상실감의 원인은?

"며칠 전 젊은 여성이 이런 상담을 해왔다. 여성으로서 첫 아이를 출산한 지 1년이 되어갑니다. 요사이 성에 대한 흥미와 욕구를 전혀 느끼지 못하고 있습니다. 그 이유가 무엇인지 궁금해요."

이 문제는 지극히 정상임에도 본인은 왜 그런지 모르고 있는 경우다. 출산 여성의 50% 이상은 위 사례자처럼 성적 욕구 감소를 호소한다. 이 같은 사실을 뒷받침하는 연구도 많다. 이는 어찌 보면 우리 몸의 자연스러운 현상이다. 즉 아기 출산 후에 곧바로 다시 임신을 하지 않도록 하고, 동시에 여성의 신체를 다시 정상으로 회복시키기 위해 충분한 휴식 기간을 우리 몸이 갖도록 하기 위한 것이다. 따라서 어느 정도 기간이 지나면 다시 임신 전과 마찬가지로 성에 대한 흥미와 욕구가 정상적으로 회복될 것이므로 굳이 염려하지 않아도 된다.

우리가 실제 고민해야 할 성 욕구 저하는 출산과 상관없이 벌어지는 경우다. 성욕 저하도 성기능 장애 중 일부이므로 적절한 조치가 필요하다. 임상에 따르면 남성보다는 여성의 성 욕구 저하가 더 빈번하다고 하는데, 실제로 이런 문제로 찾아오는 여성 상담자도 의외로 많다.

성적 욕구(Desire)는 성적 흥분(Aroual)과 구별되는 것으로, 일반적으로 성적 흥분 이전에 나타나는, 섹스를 하고 싶은 심리적인 상태다. 성적 욕구가 있으면 외부의 성적 자극에 의해서 성적 흥분이 일어나게 된다. 그러나 성적 흥분은 꼭 성적 욕구가 없이 외부의 성적 자극만으로도 일어날 수 있다. 부부 사이에 성적 욕구의 상실 또는 결핍 현상이 나타날 때 두 사람 모두 이를 인지하는 경우도 있고, 부부 중 한 사람만 느끼는 경우도 있다. 이유는 일반적으로 주변 생활 환경과 여건에 관한 생각과 감정에 혼돈이 생겨 성적 욕구가 상실되었다는 사실을 인정하고 싶지 않기 때문일 것이다.

부부 한쪽 또는 모두가 성적 욕구에 이상이 있다는 사실을 부정하고 다른 사유를 들어 합리화하는 경우도 있는데, "저 사람은 늘 피곤해" "내 아내는 허약하고 늘 몸이 불편해" 또는 "고혈압 때문에 조심해야지" 등의 이유로 성관계를 회피한다. 서로 파트너를 비난하고 성적 욕구를 잃게 되면 서로 적대적인 감정을 갖거나 의심을 품게 되는 경우도 종종 있다. 이렇게 되면 무늬만 부부지 섹스 리스 부부로 살아가게 된다.

성 욕구 저하의 원인은 다양할 것이다. 여러 가지 원인 중에 정확한 이유를 찾아야 제대로 치료될 수 있다. 그러나 서로가 성에 대한 욕구 저하로 인한 섹스 리스로 살다 보면 무늬만 부부로 살 공산이 크다. 따라서 성적 욕구의 저하가 나타난다면 원인을 찾아 치료하고자 하는 노력이 필요하다. 적어도 중년 이후 성에 대한 욕구가 줄었다면 스트레스가 원인인지, 서로의 노력이 부족한지 정확한 진단을 한 뒤 둘이 문제해결을 위해 힘쓰거나 때에 따라서는 성 클리닉 센터를 찾아 전문가의 조언을 들어도 좋다. 사람마다 조금씩 차이가 있지만 건강한 부부라면 적어도 주기적인 성관계를 할 때 행복하고 건강한 관계가 유지될 것이다.

• 늘어나는 섹스 리스 부부

학교 교사 집단 모임에 강의를 갔더니, 부부가 섹스하지 않고 사는 친구 같은 사이가 된 지 오래되었다고 자랑하는(?) 선생님도 있었다. 스트레스에, 머리가 복잡한 일들에 치이며 살다 보면 섹스할 시간도 없고, 성에 대한 욕구나 아무런 느낌도 없다고 한다. 우리 사회가 문제로 인식하지 않는 사이, 이처럼 무늬만 부부인 섹스 리스 부부들이 너무나 많은 것이다.

이러한 부부들이 어찌 교사뿐이랴. 내가 잘 알고 지내는 K 교수도 마찬가지다. 남편과 아들 둘은 외국으로 나가 멀리 떨어져 산 지 10년이 넘었다고 한다. 흔히 말하는 기러기 부부인데, 이 경우는 아이들이 캐나다에서 공부하는 동안 남편이 함께 있으면서 가정교육을 책임지고, 아내가 한국을 지키는 기러기 신세였다. 간호

학과 교수인 K는 이제 이렇게 사는 삶이 매우 익숙해졌다고 한다. 여전히 친구처럼 지내며 부부 갈등도 없고 사랑에 아무 이상 없다고 자랑한다. 오히려 부부 관계를 하며 사는 것이 참으로 이상하다고 말한다.

처음 대학 다닐 때부터 친구처럼 사귀다가 결혼했고, 서로가 성에 대해 욕구도 강하지 않았다고 한다. 그렇기에 성에 관해서는 별 관심이 없었고 사는 데 아무 이상 없다고 자랑 삼아 이야기한다. 하지만 나는 그의 말을 듣고 정말 그럴까, 하는 궁금증이 생겼다.

물론 성관계 없이 잘 사는 부부도 많다. 하지만 문제는 없다 해도, 우리가 바라는 상태는 아니다. 성은 사용하지 않으면 점점 퇴화하는데, 그 교수님은 퇴화한다는 생각조차 하지 못하는 것이 더 큰 문제인 것이다. 아름다운 성관계는 그 이상의 부부 사이를 만들고, 진정한 섹스는 모든 병을 고쳐준다. 면역력이 떨어진 사람들에게도 사랑보다 더 큰 치료는 없다는 것이 밝혀지고 있지 않은가.

더욱 돈독한 부부를 만들어주는 섹스야말로 건강에 도움이 된다. 하지만 많은 사람들이 더 이상의 깊이 있는 달콤함을 모른 채 평생을 살아간다. 섹스 테라피, 즉 성 치료 효과의 예로 일주일에 3번 성관계하는 사람이 2번 성관계하는 사람보다 5년 이상 수명이 연장된다는 사실도 모른다. 피부가 고와지는 등 그 이상으로 강점이 많다는 것도 많은 사람들이 잘 모르고 믿지도 않는다. 섹스가 주는 치유, 몸으로 하는 대화이자 성관계가 더욱 좋은 부부로 살수 있다는 것을 어떻게 알려야 할지 안타까울 뿐이다. 성 치료 효과 및 성관계가 주는 여러 가지 장점을 알려주어도 실천하기가 쉽지 않은 것도 아쉬운 점이다.

진정 행복한 부부가 되기를 원한다면 노력하면 된다. 아주 쉬운 방법으로는 남성의 경우 신체적인 성 호르몬(테스토스테론) 수치가 떨어진 것이 요인일 경우에는 성호르몬 수치를 높여주는 성 치료를 받으면 거의 치료 가능하다. 걱정하지 말고 성 클리닉 센터나 전문가를 찾아 상담하면 성 욕구 저하는 바로 해결될 수 있다. 그저 밋밋하게 사는 삶이 습관화되고, 아무렇지 않다고 하는 사람들에게 고한다. 사랑은 만들어가는 것이며, 모두가 더욱 멋진 삶을 만들 수 있음을 확신한다.

• 뜨거운 사랑을 위해 성적 자아존중감 높이기

"섹스를 잘하려면 어떻게 해야 하나요?"라는 질문을 받는다. 그런데 섹스를 잘한다는 의미는 무엇일까? 그에 대한 대답은 사람마다 각기 다를 것이다. 그리고 혹시라도 여성이 섹스를 잘한다는 말을 듣는다면 자칫 밝히는 여자라거나 문란한 사람으로 취급받는 분위기도 있어왔다. 하지만 최근에는 사회의 분위기도 은밀한 개인만의 문제였던 섹스를 공개적으로 이야기하는 경향으로 바뀌고 있다. 미디어에서도 성에 관한 토크쇼나 성인 프로그램이 늘어나고 있다, 자칫 성 담론을 가장한 성 산업화 또는 상품화로만 흐르지 않는다면 바람직한 추세라고 생각한다. 자기의 성 문제나 태도에 대해 솔직하게 이야기하고 또 타인의 이야기를 들어 자신의 문제를 발견하는 일은 긍정적으로 봐야 한다. 그동안 친구에게서나 잡지 등을 통해 잘못된 정보를 듣고, 이를 사실인 양 믿어온 것에 비해, 성에 대해 사회적으로 활발한 논의가 이뤄지며 그동안 잘 몰랐던 정보들이 바로잡힌다면 참으로 다행스러운 일이다.

어떤 남성들은 섹스를 잘하는 능력이란 여성을 만족시키는 것이고, 성기가 커야 상대방이 만족할 거라는 착각 속에 대물 콤플렉스를 가지고 있기도 하다. 그래서 성기 확대 수술까지 받는 남성들도 더러 있다. 물론 섹스에 있어서 건강한 신체는 물론 테크닉도 중요하다. 또 분위기나 침실 매너도 필요하다. 그러나 가장 중요한 것은 바로 성에 대해 갖고 있는 마음가짐이다. 성에 대해 가지고 있는 자존심이랄까? 성적 자아존중감이 필요하다는 이야기다.

자기에 대한 성적 자아존중감은 우리가 살아가는 데 중요한 역할을 한다. '나는 그래도 성적으로 매력이 있지'라는 자신감으로 적극적으로 대인관계에 임하고, 혹 거절을 당해도 '내 타입이 아닌가 보지' 하고 받아들이는 데 문제가 없다면 성적 자아존중감이 있다고 할 수 있다. 그러나 자아존중감이 낮을수록 한 번 거절당하면 치명적으로 받아들이며 더욱더 움츠러들고, 자신에 대해 부정적인 사람들도 있다.

내게 상담한 여성은 느닷없이 갑자기 이루어진 섹스로 인해 고민에 빠졌다. 사랑하기는커녕 평소에 친하지도 않던 상대와 술 취한 김에 얼떨결에 섹스를 해버린 것이다. 그녀는 평소에는 남자들이 접근하는 걸 거부하는 스타일이었다. 그녀는 자신의 인생에 대해 부정적인 생각을 지니고 있어 술 담배를 자주 하는 등 자신을 학대하며 살고 있었는데, 의외로 섹스에 대해서만은 아주 단호했다. 술을 마시다가도 누가 성적인 접근을 하면 본능적으로 움츠러들었던 것이다. 남자들은 그녀가 틈을 주지 않는다고 말했다는데, 사실 그녀는 성적 자아존중감이 아주 낮아서 섹스를 거부하는 것이었다. 그러다 술에 만취되어 이런 거부감이 마비되자 그만 그다지 사랑하지도 않는 사람과 섹스를 하고 말았던 것이다.

그녀는 비혼족으로 남들처럼 사랑하고 섹스도 즐기고 싶었지만 쉽게 빠져드는 타입이 아니었다. 그 원인이야 여러 가지겠지만 성적 자아개념이 부정적인 것도 분명히 한몫하고 있었다. 나이가 들면서 남성들이 자신을 매력적인 여자로 보아주지 않는다는 생각이 더해가고 있었으며, 그럴수록 남자들과의 관계에 자신감이 없었던 것이다. 이런 타입일수록 거절을 두려워하여 데이트 자체를 시도하지 않거나, 파트너가 자신에게 무성의하게 대하는 일이 발생하면 내가 못났으니 저 사람이 날 무시하는 것이라고 오해하기 쉽다. 게다가 그 일 이후 자신에 대해 더 부정적으로 생각하게 되었는데, '난 정말 한심해'라며 문제의 원인을 술이라고 생각하고 있었다.

심리학자들은 이런 내담자들에게 자아개념이나 성적 자아존중감을 높이기 위한 방법으로 타인과 비교하지 말라, 자신의 존재감을 인정하라, 긍정적인 자기 대화를 하라, 자신에게 솔직하라, 친밀한 대인관계를 가져라, 새로운 시각과 마인드를 가져라, 자신의 사고를 개방하라 등 자존감 향상을 위해 여러 가지 구체적인 방법들을 제시하고 있다.

성에 있어 자존감은 그 자체로 독립적이라기보다 전체적인 '자아존중감'의 일부분이다. 전반적인 자존감이 낮으면서 그것만 높이는 방법은 없다. 그렇기 때문에 성행동을 따로 분리해서 생각할게 아니라 다른 행동의 패턴 속에서 이해하고, 원하지 않는 부분은 변화시켜 나가는 것이 성적 자존감을 높이는 방법일 것이다.

물론 하루아침에 변할 수 있다는 지나친 기대는 금물이다. 꾸준히 노력하다 보면 어느새 자기도 모르게 바뀐 자신을 발견하게 될 것이다. 섹스를 잘하는 사람이 되고자 한다면 이렇게 자아존중감부터 살려야 한다. 자아개념이 확실할수록 섹스도 즐기고 오르가슴이라는 보너스도 얻을 수 있는 가능성이 높아져, 섹스를 잘하는 사람이 될 것이다.

• 뜨거운 사랑을 위해서는

뜨겁게 사랑한다는 것 그리고 섹스를 잘한다는 것이 성적 기교를 통해 오르가슴을 극대화하는 것이라고 이해해서는 안 된다. 섹스로 인해 일어날 수 있는 모든 문제들을 자신이 통제하고 조절할 수 있을 때, 섹스를 잘한다고 말할 수 있는 것이다. 또 성지식이란 성적 테크닉과 성 건강을 포함하여 성적 가치관과 성행동 등 성에 관한 모든 요소를 아우른 개념이다. 단순히 성병이나 피임법 등에 대한 지식만을 의미하는 것이 아니다. 또 이성에 대해, 특히 이성의 성적 행동이나 취향에 대해 이해하는 것 역시 성지식에 포함된다. 성지식이란 성에 대한 과학적 사실을 아는 것과 동시에 성을 매개로 한 남녀 관계의 모든 면을 이해하고 나름대로 자기의 가치관과 태도를 갖추는 것이다. 그리고 올바른 성 태도나 성행동, 이성에 대한 지식 등은 삶을 윤택하게 만드는 등불이 된다. 섹스가 자신을 옭아매는 함정이 되는 것을 피하는 동시에 불필요한 걱정 없이 즐길 수 있는 묘약이기도 하다.

사람들은 일상생활에서 성으로 인해 얼마나 많은 문제가 생기고 있는지를 심각하게 받아들이지 않는다. 그런 점에서 남녀 모두, 특히 개방적인 성적 가치관을 가지고 있는 여성이라면 반드시 그에 걸맞는 성지식을 갖추는 것이 필요하다. 성 문제로 인한 피해자는 대개 여성이기 때문이다. 뜨거운 사랑을 위해서 그리고 아름답고 멋진 사랑을 위해서는 성에 관한 폭넓은 지식이 필수이다.

• 뜨거운 사랑, 쿨한 이별을 위한 에티켓

함께 멋지게 항해를 하고 내릴 때에는 서로에게 즐거웠다는 말 정도는 나누는 것이 예의다. 남자가 자기가 차린 저녁을 맛있게 먹고 나서 당신 음식이 정말 맛있다고 말하면 여자는 더 뿌듯할 것이다. 남자 역시 정성껏 고른 선물을 받아 든 여자가 "내 마음을 어떻게 그렇게 잘 알고 맘에 드는 것을 골랐어?"라고 말하면 어깨가 으쓱해진다. 섹스도 마찬가지다. 온 마음과 온몸을 다해 서로가 하나라고 느낀 행위를 마무리할 때는 언어나 행동으로 표현하라! 맥 빠지게 끝내지 말아야 한다. 꼭 안아준다면 더 좋고.

섹스는 독이 되기도 하고 약이 되기도 하지만, 아무리 서로 노력해도 맞지 않는다면 쿨하게 이별을 선언하자. 빈익빈 부익부라는 개념은 섹스에도 그대로 적용될 수 있다. 플러스 단계에 있는 사람은 점점 더 긍정적인 단계로 나아갈 것이고, 마이너스 단계에 있는 사람은 점점 더 부정적인 단계로 나아갈 것이다. 지속적인 마이너스 관계라면, 밋밋한 사랑에서 불붙는 사랑이 되지 않는다면 고려해야 할 일이다.

서로가 마음에 들지 않는데도 오랫동안 시간 투자한 것이 아까워서 질질 끌려다니는 커플도 더러 있다. 뜨겁게 연애하던 그 시절로 돌아가는 연습도 하고, 사랑했던 기억 속에서 강점을 뽑아 노력했는데도 안 된다면 어쩔 수 없지 않은가? 사랑으로 맺어진 커플이라면, 함께 느끼고 함께 바라볼 수 있어야 행복이 따라올 것이다. 부부란 서로 배려해주고 존중해줄 때 행복한 가정은 절로 만들어질 것이다. 건강하게 사랑하고 이게 아니다 생각이 들면 쿨하게 이혼하는 연습도 삶의 또 다른 방법이다. 뜨겁게 사랑할 땐 온 힘을 다해 사랑하고, 밋밋한 사랑 힘든 사랑이라면 쿨하게 정리하는 것이 답이 아닐까.

감사의 글

성이라는 단어 자체를 부끄럽고 부정적인 것으로 치부하는 보수적인 우리 한국 사회에서 이 책을 쓰기까지 도움을 주신 많은 분들께 감사한 마음을 전하고 싶다. 최초로 성학에 눈을 뜨게 해주신 세계적인 성 심리학자이자 존경하는 홍성묵 교수님께 다시 한번 감사드리고 싶다. 한국의 부패한 성문화를 바꿔내야 한다고 열정을 쏟으며 석사논문을 지도해주신 교수님의 가르침은 나의 인생을 바꾸었다. 젠더 감수성 역량 강화의 중요성을 입증한 박사논문이 통과하기까지의 감사함을 전하고 싶다.

22년간 현장에서 많은 사람들을 만나면서 배우고, 느끼고, 부대끼며 생각했던 것들을 정리하여 이 책을 쓰게 되었다. 언젠가부터 수십 수백 번 강의하는 것보다 더 강한 영향력을 가지고 싶었다. 그 방법으로 나만의 무기를 만들기 위해 이 책을 썼다. 2020년부터 코로나19로 인해 대학 수업은 온라인 촬영과 줌으로 이루어졌다. 더욱 바쁜 시간을 보냈지만, 그 시간 속에서도 2022년에는 새로운 세상을 만들어 보겠다는 일념으로 책을 임했다.

일상 속에서 성에 관한 인식과 태도는 매우 중요하다. 부족하지만 성과 인권을 기반한 젠더 폭력, 성학의 여러 분야 등 중요한 이야기들을 알리고 싶은 마음이다. 더불어 책을 쓰면서 더 많은 것들을 생각하게 되었고, 내 삶과 인생에서 무엇이 중요하며 소중한지 깨닫게 되었다. 나를 둘러싼 모든 것들이 희망으로 다가오는 경험도 할 수 있었다. 무엇을 위해, 어떻게 잘 살아내야 하는지 찾던 중 더욱 즐겁고 행복한 삶을 새롭게 디자인하는 시간이었다. 앞으로 해야 할 일이 더 많아졌다.

내 삶의 의미와 가치를 업그레이드하고 싶었던 갈급함을 충족할 수 있도록 행동으로 실천하게 해주신 라온북 조영석 소장님과 책이 나오기까지 애써준 출판사업부에도 진심으로 감사드린다. 책이 나오기까지 도움 준 1등 공신은 당연히 가족이다. 느리지만 포기하지 않고, 시작한 일을 끝까지 할 수 있었던 것은 어려서부터 강인하게 길들여 주신 부모님 덕분이다. 이는 지금껏 잘 살아온 나에게 가장 소중한 자산이다. 나를 최고라고 말해주는 언니, 동생, 오빠들을 비롯한 친정 가족, 시댁 가족에게도 사랑하고 고맙다는 말을 꼭 전하고 싶다.

동시대를 살아가면서 기쁨과 슬픔을 함께 나누고 서로에게 위로와 격려를 아끼지 않는 소중한 절친 박혜성 산부인과 원장님과 현영렬 교수님, 안영인 교수님, 최대헌 교수님께도 감사의 마음을 전달드린다. 그리고 사랑하는 이웃들과 이 기쁨을 함께 나누고 싶다. 성차별 없는 성평등한 관계를 통해 행복한 삶을 살아내고, 세상을 좀 더 살기 좋은 곳으로 만드는 데 이 책이 작은 노움이 뇌실 바란다.

북큐레이션 • 행복한 매일을 꿈꾸는 당신에게 추천하는 라온북의 책

《당신의 건강한 섹스를 권장합니다》와 함께 읽으면 좋은 책. 평생 함께하고 싶은 사람을 찾고, 사랑하는 사람을 만날 수 있는 행복을 선물합니다.

시작하는 부부가 알아야 할 모든 것

결혼 레시피

유정림 지음 | 13,800원

예술가와 그의 소울메이트가 함께 차린
30년 행복한 결혼 식탁 이야기

이 책에는 한 남자와 여자가 만나 사랑하고, 가정을 이루고, 서로의 가족과 관계를 맺고, 아이들을 낳아 키우고, 아이들의 아이들이 태어나는 모습을 보며 느끼는 일상의 소소한 기쁨을 담고 있다. 늘 행복한 날만 있는 것은 아니어서 서로 생채기를 내고, 후회하고, 아파하기도 하지만, 결국 그 또한 지나고 나면 모두 깊은 애정에서 기인한 것임을 느끼는 장면은 지극히 현실적이다. 저자는 이 책을 통해 지금 젊은 세대들이 사람과 사람 간의 관계, 가족, 믿음과 사랑의 소중함을 느꼈으면 좋겠다고 말한다.

커플매니저가 알려주는 결혼의 진실

결혼 공부

조지희 지음 | 13,800원

결혼에 두려움과 부담감을 느끼고 있는 당신을 위한
비혼시대 대한민국 2030에게 딱 맞는 결혼 지침서!

이 책은 조건이라는 틀에 갇히고, 사랑이라는 이상에 흔들리는 이 땅의 모든 커플에게 결혼으로 가는 가장 안전한 길을 알려준다. 그 과정에는 현대인에 대한 이해를 바탕으로 배우자를 알아볼 줄 아는 안목을 기르고, 현실적인 결혼관이 무엇인지 알아보는 공부가 필요하다. "아휴, 결혼도 공부해야 돼?"라고 한숨부터 나온다면, 준비되지 않은 결혼으로 인생의 쓴맛을 본 주변의 많은 사람을 떠올려봐라. "결혼 그거 정말 해야 해?"라는 고민부터 "내 짝은 어디 있는 거야?"라는 답답함에 시달리고 있다면, 결혼에 관한 막연한 생각은 치우고, 이 책을 열자.

좋은 반려자를
찾는 연애
코칭 기술

내 남자 찾는 36가지 기술

김다인 지음 | 14,000원

"연애가 어려워도 누군가는 만나고 싶어"
좋은 사람과 만나고 싶은 당신을 위한 연애 지침서

언제나 좋은 사람과 행복한 사랑을 꿈꾸지만, 왜 내 주변에는 나와 잘 맞는 사람이 없는 걸까? 아니다. 분명히 당신 주변엔 그런 사람이 있다. 그러나 그 사람이 내 남자로 아직 보이지 않기 때문이다. 그렇다면 '내 남자'는 대체 어디에서 어떻게 찾아야 한단 말인가!《내 남자 찾는 36가지 기술》은 20대에 치열하게 연애하고 사랑하면서 평생 함께할 수 있는 남자를 만나게 된 저자가 자신의 연애담을 바탕으로 2030 여성들의 연애에 대한 고민을 풀어가고 있다. 좋아하는 사람에게 연락하는 것부터 결혼 전 현실적으로 체크해야 할 부분까지, 때론 토닥이고 때론 '사이다'처럼 시원하게 이야기해준다. 당신의 연애에 대한 고민, 이 책과 함께 날려버리길 바란다.

내 삶의 물음표를
느낌표로 바꾸다

멋진 어른 여자

박미이 지음 | 13,800원

워라밸, 소확행, 휘게의 삶을 꿈꾸는 사람들을 위한
남에게 휘둘리지 않고 나답게 사는 방법!

소확행, 워라밸의 삶을 꿈꾸는 20대에게 이 책은 좋아하는 일을 선택해 '나답게' 사는 방법을 소개한다. 내가 진짜 원하는 것을 찾는 법, 두려움 없이 그것을 선택하는 법, 좋아하는 일로 돈을 버는 법, 결정한 것을 후회하지 않고 꾸준히 해 나가는 법 등을 저자의 경험을 통해 쉽게 이해할 수 있도록 알려준다. 나답지 않은 것들을 버리고, 좋아하는 일을 선택한다고 무조건 행복해지는 것은 아니다. 자신이 강점을 가진 분야를 찾아 선택하고, 꾸준히 연습하고 기록하고 노력해야 가능하다고 저자는 조언한다. 이 책은 취업을 고민하는 대학생이나 이직을 고민하는 직장인들에게 새로운 삶을 선택하는 길잡이가 될 것이다.